5/18

MANUAL PARA POTENCIAR
LA AUTOESTIMA

GLENN R. SCHIRALDI, PHD

MANUAL PARA POTENCIAR LA AUTOESTIMA

Descubre tu verdadera valía
y cultiva una autoestima permanente

EDICIONES OBELISCO

Si este libro le ha interesado y desea que le mantengamos informado de nuestras publicaciones, escríbanos indicándonos qué temas son de su interés (Astrología, Autoayuda, Ciencias Ocultas, Artes Marciales, Naturismo, Espiritualidad, Tradición...) y gustosamente le complaceremos.

Puede consultar nuestro catálogo en www.edicionesobelisco.com

Los editores no han comprobado la eficacia ni el resultado de las recetas, productos, fórmulas técnicas, ejercicios o similares contenidos en este libro. Instan a los lectores a consultar al médico o especialista de la salud ante cualquier duda que surja. No asumen, por lo tanto, responsabilidad alguna en cuanto a su utilización ni realizan asesoramiento al respecto.

Colección Psicología
MANUAL PARA POTENCIAR LA AUTOESTIMA
Glenn R. Schiraldi, PhD

1.ª edición: septiembre de 2017

Título original: *The Self-Esteem Workbook*

Traducción: *Juan Carlos Ruiz*
Maquetación: *Natàlia Campillo*
Corrección: *Sara Moreno*
Diseño de cubierta: *Enrique Iborra*

© 2016, Glenn R. Schiraldi, New Harbinger Publications, USA
(Reservados todos los derechos)
© 2017, Ediciones Obelisco, S. L.
(Reservados los derechos para la presente edición)

Edita: Ediciones Obelisco, S. L.
Collita, 23-25. Pol. Ind. Molí de la Bastida
08191 Rubí - Barcelona - España
Tel. 93 309 85 25 - Fax 93 309 85 23
E-mail: info@edicionesobelisco.com

ISBN: 978-84-9111-264-8
Depósito Legal: B-19.306-2017

Printed in Spain

Impreso en España en los talleres gráficos de Romanyà/Valls, S. A.
Verdaguer, 1 - 08786 Capellades (Barcelona)

Cuando plantamos en la tierra la semilla de una rosa vemos que es pequeña, pero no la criticamos ni le decimos que «no tiene raíz ni tallo». La tratamos como a una semilla, y le damos el agua y el alimento que necesita una semilla. Cuando asoma por encima de la tierra no la consideramos inmadura y subdesarrollada, ni criticamos sus capullos por no estar abiertos, cuando aparecen. Nos maravillamos del proceso que tiene lugar y ofrecemos a la planta los cuidados que necesita en cada fase de su desarrollo. La rosa es una rosa desde que es semilla hasta que muere. En su interior, en todo momento, está contenido todo su potencial. Parece estar en constante proceso de cambio; sin embargo, en cada estado, en cada momento, es [completa] como es (Gallwey 1974).

Dedico este trabajo a mi angélica madre, que —como tantas madres a lo largo de la historia— fue un ejemplo silencioso de muchos de los principios aquí descritos.

Prefacio a la segunda edición

Desde que apareció la primera edición de *The Self-Esteem Workbook*, en 2001, ha sido muy gratificante saber que ha ayudado a numerosas personas a sentirse más felices y más completas. Los lectores han dicho que aprecian que el libro sea fácil de usar, completo y conciso. Sin embargo, las investigaciones recientes nos sugieren que en esta edición incluyamos varios añadidos y revisiones importantes:

1. El capítulo 2, «Preparándose - Los preparativos físicos», se ha revisado para incluir los nuevos conocimientos sobre plasticidad cerebral, y cómo el sueño, el ejercicio y la nutrición influyen en gran medida en la función cerebral y la salud mental.

2. Las investigaciones demuestran que el amor genuino y maduro nos transforma de manera significativa y beneficiosa, fisiológica y psicológicamente. Por eso he añadido seis capítulos importantes para apoyar el segundo bloque de la autoestima, el del amor incondicional:

   a. El capítulo 20 utiliza el arte de experimentar amor y provocar emociones de un modo que el lenguaje y la lógica no hacen.

   b. El capítulo 21 nos enseña a incrementar la coherencia del corazón. La habilidad relacionada con la coherencia del corazón nos ayudará a experimentar el amor al nivel del corazón, lo cual, a su vez, influye profundamente en el estado de ánimo. Es un poderoso complemento a las estrategias cognitivas.

   c. La autocomprensión es un poderoso antídoto contra la autocrítica y las formas habituales en que tratamos de afrontar los inevitables problemas vitales. Cuatro capítulos (22, 23, 24 y 25) nos animan a poner amabilidad, en lugar de dureza, en nuestras experiencias cotidianas, honrando y respetando el yo interno de nuestro ser.

3. El capítulo 31, que trata sobre el perdón, nos anima a sustituir la ira, que nos cierra el corazón, con amor, para que podamos superar el pasado, volver a estar en contacto con nuestra naturaleza amorosa y ser libres para crecer.

4. El estrés es algo que todos afrontamos. Se ha ampliado el apéndice I para incluir lo que hemos aprendido en los últimos años, vinculando el estrés, los traumas, el dolor y la autoestima.

5. También he revisado y ampliado la sección de «Recursos recomendados», a fin de ofrecer consejos más útiles para desarrollar la autoestima.

A pesar de estos cambios tan importantes, *Manual para potenciar la autoestima* mantiene el tema de que la autoestima saludable y segura está al alcance de todos, sin importar lo complicado que haya sido nuestro camino.

La autoestima saludable se cultiva poniendo en práctica habilidades vinculadas a los tres pilares de la autoestima: la valía humana incondicional, el amor incondicional y el crecimiento. Espero sinceramente que las habilidades explicadas en este libro aporten estímulo y apoyo al camino vital del lector.

Nota: Hay disponibles para descargar versiones en formato de hoja de cálculo de muchos de los ejercicios de este libro, en la dirección http://www.newharbinger.com/35937.

Introducción

Debemos considerarnos milagros fundamentales.
—Virginia Satir

La autoestima no es el único componente de la felicidad. Pero sin duda, es uno de los más importantes.

El querido comediante George Burns observó que la mayoría de las cosas que hacen felices a la gente —la salud, el matrimonio, dirigir una familia, respetarse a uno mismo, etc.— no es algo que consigamos sin esfuerzo. «Tenemos que trabajarlas un poco» (1984).

Y lo mismo sucede con la autoestima. Igual que cultivar un jardín, el desarrollo de la autoestima implica un esfuerzo constante. El programa descrito en este libro conlleva aproximadamente media hora al día, más o menos, durante un período de 150 días. ¿Vale la pena esta inversión? Cuando consideramos la magnitud del efecto de la autoestima sobre el bienestar mental y físico, tanto a corto como a largo plazo, pocos esfuerzos parecen más valiosos.

El programa que el lector está a punto de comenzar es el elemento central de «El estrés y la mente sana», un curso que desarrollé y enseñé en la Universidad de Maryland. El curso ha demostrado aumentar la autoestima y reducir los síntomas de la depresión, la ansiedad y la agresividad en adultos de entre dieciocho y sesenta y ocho años de edad (Schiraldi y Brown, 2001; Brown y Schiraldi 2000). Aunque están pensados para los adultos, los principios y habilidades de este libro son igualmente aplicables a los adolescentes y, si se simplifican ligeramente, a los niños.

PARTE I

COMPRENDER
LA AUTOESTIMA

CAPÍTULO 1

¿Por qué autoestima?

Una persona con una buena autoestima es muy afortunada. Existe un acuerdo general en que la autoestima es fundamental para una buena salud mental y física, mientras que el odio hacia uno mismo perjudica la salud y el rendimiento. El odio hacia uno mismo parece contribuir a:

- La depresión

- La ansiedad

- Los síntomas de estrés y los traumas

- Las enfermedades psicosomáticas, como dolores de cabeza, insomnio, fatiga y trastornos del aparato digestivo

- La agresividad, el odio excesivo o profundo, la aversión y la desconfianza hacia los demás, y la competitividad

- El maltrato conyugal e infantil

- Tener relaciones caracterizadas por el abuso o la ausencia de felicidad

- El abuso del alcohol y las drogas

- Los trastornos de la alimentación y las dietas poco saludables

- La mala comunicación (por ejemplo, unos estilos no asertivos, agresivos, defensivos, críticos o sarcásticos)

- La promiscuidad sexual

- Las relaciones de dependencia

- La sensibilidad a las críticas

- La tendencia a fingir una falsa apariencia para impresionar a otros
- Dificultades sociales, como el abandono y la soledad
- El bajo rendimiento
- La preocupación debida a problemas
- El estado de preocupación
- La delincuencia

No es de extrañar que el odio hacia uno mismo se denomine la «discapacidad invisible». En cambio, la autoestima está muy relacionada con la satisfacción general con la vida y la felicidad, en todo el mundo. En una encuesta Gallup de 1992, el 89 por 100 de los encuestados dijo que la autoestima es muy importante para motivar a una persona a trabajar duro y tener éxito. La autoestima se consideró la motivación más importante que cualquier otra variable. No es sorprendente, por tanto, que quienes cuentan con autoestima tengan más probabilidades de involucrarse en conductas saludables. Los que tienen autoestima tienden a ser más amistosos, más expresivos, más activos, con más confianza en sí mismos y en los demás, y menos preocupados por los problemas internos y las críticas (Coopersmith 1967). Cuando se sufre un trastorno mental, quienes tienen autoestima tienden a responder mejor a la ayuda profesional, y los alcohólicos en proceso de recuperación con autoestima tienen menos probabilidades de recaer (Mecca, Smelser y Vasconcellos 1989). *(Véase* «Apéndice I: Pautas para ayudar a personas angustiadas» para entender mejor cómo el estrés, la salud mental y la autoestima están relacionados). De hecho, no se encuentra en la literatura científica ningún inconveniente derivado de contar con una autoestima saludable y segura. Por eso, uno de los presupuestos de este libro es que la autoestima no sólo ayuda a reducir los síntomas del estrés y la enfermedad, sino que también es esencial para el crecimiento humano.

A pesar de la importancia de la autoestima, la comunidad psicoterapéutica se ha ocupado poco de desarrollarla de forma directa, en lugar de indirecta. Por ejemplo, uno de los objetivos declarados de la psicoterapia es desarrollar la autoestima. Sin embargo, no suele defenderse el supuesto de que reducir los síntomas de una enfermedad desarrolla indirectamente la autoestima. A falta de un enfoque integral, algunas personas con buenas intenciones han prescrito soluciones rápidas basadas en principios poco sólidos, que pueden dañar la autoestima a largo plazo.

Este libro proporciona un plan paso a paso, basado en unos principios sólidos que ayudarán al lector a desarrollar una autoestima saludable, realista y normalmente estable. Su enfoque requiere que las habilidades aquí descritas se apliquen y pongan en práctica. No es suficiente el simple hecho de acumular conocimientos. Cada habilidad propia de la autoestima se basa en el dominio de las destrezas que la preceden. Como observó Abraham Maslow, el desarrollo de la autoestima conlleva muchas influencias muy importantes (Lowry 1973). Por ello, debe evitarse la tendencia a leer este libro con rapidez. Por el contrario, hay que dedicarse a aplicar y dominar cada habilidad antes de pasar a probar la siguiente.

Para empezar

El siguiente examen nos ofrecerá un punto de partida desde el que medir los progresos en el desarrollo de la autoestima durante la lectura de este libro. Efectuar el examen también permitirá comenzar el proceso de reforzar algunos de los objetivos de este libro. Es reconfortante ser conscientes de que cada persona ya posee una medida concreta de su autoestima como punto de partida. No hay nada complicado en esta comprobación ni es importante comparar nuestra puntuación con las de otros. Por tanto, relájate y sé todo lo sincero que puedas.

Examen de la autoestima

En primer lugar, puntúa de 0 a 10 hasta qué punto crees en cada una de las siguientes afirmaciones: 0 significa que no crees en ellas en absoluto, mientras que 10 significa que piensas que es completamente cierto.

Afirmación	Puntuación
1. Soy una persona valiosa.	_____
2. Soy una persona tan valiosa como cualquier otra persona.	_____
3. Tengo las cualidades que necesito para vivir bien.	_____
4. Cuando me miro a los ojos en el espejo, tengo una sensación agradable.	_____
5. No me considero un fracasado.	_____
6. Sé reírme de mí mismo.	_____
7. Estoy feliz de ser yo.	_____
8. Me gusto a mí mismo, incluso cuando otros me rechazan.	_____
9. Me amo y apoyo a mí mismo, independientemente de lo que suceda.	_____
10. En general, estoy satisfecho con cómo me desarrollo como persona.	_____
11. Me respeto a mí mismo.	_____
12. Prefiero ser yo antes que otra persona.	_____
Puntuación total	_____

A continuación, clasifica tu autoestima en la siguiente escala (Gauthier, Pellerin y Renaud 1983):

0   100
├───┤

Ausencia total de autoestima   Plenitud total de autoestima

Tu respuesta _____

¿Con qué frecuencia te sientes limitado en tus actividades diarias debido a dificultades con la autoestima?

1   2   3   4   5
├────────┼────────┼────────┼────────┤

Siempre   A menudo   A veces   Rara vez   Nunca

Tu respuesta _____

¿Cómo de grave es tu problema con la autoestima?

1   2   3   4   5   6
├──────┼──────┼──────┼──────┼──────┤

No hay   Problema   Problema   Problema   Extremadamente   Totalmente
problema   leve   moderado   grave   grave   incapacitante

Tu respuesta _____

CAPÍTULO 2

Preparándose.
Los preparativos físicos

La mente y el cuerpo están conectados. Si queremos sentirnos mejor mentalmente, debemos cuidar bien de nuestro cuerpo, lo cual incluye el cerebro. Esto es algo totalmente razonable. Con excesiva frecuencia, las personas que se sienten estresadas, fatigadas y mentalmente «deprimidas» hacen poco ejercicio, se alimentan mal y descansan poco. Suelen creer que cuidar el cuerpo conlleva demasiado tiempo o es demasiado difícil. Así que esperan una solución rápida que les permita ignorar sus necesidades físicas básicas, mientras su salud mental y su rendimiento sufren. Esto es suficientemente importante como para reafirmarlo: no podemos ignorar nuestro cuerpo y esperar sentirnos bien. El tiempo invertido en la salud física es una buena inversión. Permite ahorrar tiempo al mejorar el rendimiento. Y lo que es más importante, mejora nuestro estado de ánimo. El estado de ánimo, a su vez, influirá en cómo nos sentimos.

El objetivo de este capítulo es ayudarnos a configurar y poner en práctica un sencillo plan por escrito, para una salud física óptima, en tres áreas: ejercicio habitual, el sueño y las prácticas alimentarias.

Plasticidad cerebral

El estrés y el envejecimiento tienden a dañar, reducir o afectar a las células cerebrales (neuronas), especialmente en las áreas del cerebro responsables del pensamiento y de la regulación de las emociones. Afortunadamente, los efectos nocivos del estrés y el envejecimiento pueden minimizarse e incluso revertirse mediante alimentación, ejercicio y sueño saludables. Sabemos que lo que mejora la salud del corazón, y la salud física en general también mejora la salud del cerebro, el estado de ánimo y el funcionamiento cerebral. Los pasos de este capítulo funcionan en combinación para optimizar el cerebro mediante:

- el aumento del flujo sanguíneo al cerebro;

- la expulsión de las toxinas del cerebro;

- el fortalecimiento y la regeneración de las neuronas, las conexiones entre las neuronas y los tejidos conectivos;

- la disminución de la inflamación y del estrés oxidativo en el interior de las neuronas;

- el fortalecimiento de la barrera hematoencefálica, lo cual evita que penetren en el cerebro toxinas y moléculas que causan inflamación; y

- la promoción de la pérdida de peso, que favorece la salud del cerebro.

Piensa en el cerebro como en un ordenador. Podemos tener un *software* potente, algo como las estrategias de autoestima que exploraremos más adelante, pero si el *hardware* del cerebro (la salud y el funcionamiento de las neuronas) es lento, el ordenador no funcionará de forma óptima. Por ello, este capítulo nos ayudará a fortalecer el *hardware* del cerebro, al mismo tiempo que mejorará la salud física y el estado de ánimo en general.

Ejercicio habitual

El ejercicio mejora la autoestima y la salud mental en general. También mejora el sueño, aumenta la energía, ayuda a regular el estrés y facilita la delgadez.

El objetivo es hacer al menos treinta minutos de ejercicio aeróbico (ejercicio rítmico y continuo, como por ejemplo caminar a paso ligero, montar en bicicleta, nadar, subir escaleras y carrera ligera) todos o casi todos los días. El entrenamiento de fuerza (con resistencias) y el entrenamiento de flexibilidad conllevan beneficios añadidos. Si dispones de tiempo, inclúyelos en tu programa. Si no puedes, o si añadirlos te parece excesivo, entonces confórmate con el ejercicio aeróbico. Cualquier cantidad de ejercicio es mejor que ninguna. Se ha descubierto que incluso una «caminata enérgica» de diez minutos, mientras descansas de tus tareas continuamente sentado ante el escritorio, aumenta la energía y mejora el estado de ánimo (Thayer 1989).

Comienza a hacer ejercicio suavemente, e incrementa el ritmo de forma muy gradual. No hay que competir con nadie. El ejercicio debe permitir sentirnos frescos y energizados. No debes hacerte daño ni cansarte más allá de una agradable fatiga. Si puedes llegar a treinta minutos, o más, de ejercicio aeróbico la mayoría de los días, será excelente. Si no, haz lo que puedas para empezar. Elabora un plan para hacer ejercicio habitual. Si tienes problemas para quedarte dormido, prueba a hacer ejercicio antes de cenar, o incluso a una hora más temprana. El ejercicio realizado por la mañana ayuda a regular los ritmos del sueño. El ejercicio efectuado a la luz del sol también ayuda al cuerpo a producir vitamina D, que mejora la función cerebral de muchas maneras. Consulta a tu médico si tienes más de cuarenta años de edad, si tienes algún factor de riesgo conocido, relacionado con alguna enfermedad cardiovascular, o si estás preocupado de algún modo por iniciar un programa de ejercicios.

Higiene del sueño

Muchos estudios (Diener 1984) han asociado el mal sueño con la infelicidad. Afortunadamente, en los últimos años, los investigadores han identificado muchos procedimientos para mejorar el sueño. Tres consideraciones relacionadas con él son cruciales: cantidad, regularidad y calidad.

Una cantidad adecuada de sueño. La mayoría de los adultos necesita por lo menos siete horas y media de sueño cada noche. Los adultos que se aproximan a esa cantidad, pero luego consiguen una hora, o una hora y media de sueño adicionales por noche, normalmente se sienten mejor y disfrutan de un mayor rendimiento. Sin embargo, el estilo de vida actual nos quita horas hasta el extremo de que muchos adultos sufren falta de sueño crónica. Una cantidad tan pequeña como entre veinte y treinta minutos de sueño adicional cada noche puede mejorar perceptiblemente el estado de ánimo y el rendimiento. Muchos investigadores del sueño recomiendan que la mayoría tenga por lo menos ocho horas de sueño cada noche.

Regularidad del sueño. Unos horarios de sueño y de vigilia regulares son necesarios para que el ciclo de sueño del cuerpo sea consistente. Irse a la cama a horas poco habituales (por ejemplo, acostarse mucho más tarde los viernes y sábados por la noche que los días de la semana) puede ocasionar agotamiento e insomnio.

Por tanto, la idea subyacente a una buena higiene del sueño es dormir algo más de lo que piensas que necesitas, y mantener las horas de sueño y de vigilia lo más constantes que puedas a lo largo de la semana, variando no más de una hora entre una y otra noche, incluso los fines de semana

Calidad del sueño. Convierte el dormitorio en un lugar tranquilo para dormir. Mantén los teléfonos, los ordenadores, las televisiones, las facturas, el trabajo y la lectura estimulante fuera del dormitorio. Apaga las luces y los dispositivos electrónicos que emiten luz al menos una hora antes de retirarte (la luz azul de los aparatos electrónicos altera especialmente el sueño). Asegúrate de que la luz del sol de la mañana no entre por las ventanas. Elimina el ruido o tápalo con algún ruido blanco (por ejemplo, un ventilador o sonidos naturales). Evita comer en un plazo de cuatro horas antes de acostarte. Reduce o evita estimulantes como la cafeína y la nicotina durante al menos siete horas antes de acostarte. El alcohol promueve el sueño, pero después actúa como un estimulante que lo fragmenta, así que evítalo en las horas antes de acostarte. Habla con tu médico si los ronquidos o la apnea del sueño te impiden dormir bien.

Hábitos alimentarios

Numerosos estudios indican que las prácticas alimentarias de estilo mediterráneo, tal como recogen las *Pautas dietéticas para estadounidenses 2015-2020*, del Departamento de Salud y Servicios Sociales de EE. UU., son beneficiosas para el cerebro. Tales prácticas son ricas en antioxidantes, minerales y vitaminas que protegen el cerebro. Estos hábitos alimentarios son:

- altos en pescado y alimentos vegetales (verduras, frutas, semillas, nueces, granos enteros, hierbas, frijoles, guisantes, lentejas, aceite de oliva o colza) y

- bajos en grasas animales (o saturadas) (por ejemplo, carnes rojas y procesadas, productos lácteos ricos en grasas), granos refinados, alimentos y bebidas azucarados, y comidas procesadas y rápidas (que normalmente contienen azúcar, sal, harina refinada, conservantes y grasas poco saludables, todo lo cual debe reducirse).

Los hábitos alimenticios beneficiosos para el cerebro siguen estas pautas:

- Consumir la mayor parte de las calorías de alimentos vegetales. Por lo general, los alimentos vegetales frescos, congelados y mínimamente procesados son los mejores, ya que tienden a tener menos azúcar, sal y grasa, y contienen más fibra.

- Minimizar la carne, especialmente las carnes rojas y procesadas (por ejemplo, carne en conserva, tocino, jamón, salami, perritos calientes). Reducir el tamaño de las raciones de carne y elegir, siempre que sea posible, carnes magras como la de aves, sin piel. En lugar de carne, tomar cada semana varias raciones de pescado o alternativas a la carne, como alubias, guisantes, lentejas, frutos secos o semillas. Piensa en tu plato lleno principalmente de alimentos vegetales, con la carne como alimento para acompañar, y te harás una buena idea de estas dos primeras pautas.

- Mantener el azúcar en sangre constante durante el día tomando un buen desayuno y no saltándose comidas. Tomar una fuente de proteínas de alta calidad (por ejemplo, huevos o yogur) en el desayuno y distribuir la proteína por igual entre las comidas. Los dulces concentrados hacen que fluctúe la glucosa en sangre, por lo que hay que reducir los refrescos con azúcar, las galletas y alimentos similares.

- Mantenerse hidratado. Beber muchos líquidos durante el día, porque incluso una ligera deshidratación puede perjudicar el estado de ánimo y el funcionamiento corporal. Dependiendo del peso, la actividad y las condiciones ambientales, es posible que se necesiten hasta trece vasos de líquido, o más, para mantener un funcionamiento cerebral y un estado de ánimo óptimos. Comprueba el agua en el fondo del inodoro después de orinar: una orina de color claro, o amarillo claro, indica una ingesta de líquidos adecuada. Beber dos vasos de agua antes de las comidas también ha demostrado ser útil para fomentar la pérdida de peso.

- Evitar los excesos de cualquier fármaco. Las pruebas con imágenes cerebrales muestran que cualquier sustancia en exceso, incluyendo la cafeína, el alcohol, la nicotina y las llamadas drogas recreativas, pueden perjudicar el funcionamiento cerebral años antes de que aparezcan cambios estructurales. Estas sustancias también pueden afectar al sueño.

Cuida tu cuerpo: un plan por escrito

Es una buena medida diseñar un plan por escrito y comprometerse a mantenerlo. Por favor, elabora un plan que puedas seguir y comienza a cumplirlo durante los próximos catorce días. En realidad, seguirás este plan durante todo el transcurso de este libro y posteriormente, así que debes ser realista para poder mantenerlo cómodamente. No hay problema en que te tomes varios días para «trabajar» los objetivos de tu plan.

1. **Practica ejercicio** entre treinta y noventa minutos, todos o la mayoría de los días de la semana, intentando hacer por lo menos treinta minutos de ejercicio aeróbico al día. Describe tu plan a continuación:

_____

_____

_____

_____

_____

_____

2. **Duerme** ___ horas (un poco más de lo que crees que necesitas) cada noche, desde ___ (hora en que te vayas a acostar) hasta ___ (hora de despertarte).

3. **Come** al menos tres veces al día, con alimentos saludables. Haz por escrito el menú de la semana utilizando la hoja de trabajo «Ejemplo de menú: Una semana de comidas» de la página 29, y compáralo con las pautas que siguen a continuación.

Pautas dietéticas

Estas pautas dietéticas, apropiadas para la mayoría de las personas mayores de diecinueve años de edad, te ayudarán a asegurarte de que tu ejemplo de menú semanal aporta los nutrientes que necesitas para sentirte y funcionar óptimamente. Después de revisarlas, elabora un ejemplo de menú semanal. A continuación, comprueba que tu ejemplo de menú cumple las pautas.

1. ¿Tu plan aporta las raciones necesarias de cada grupo de alimentos, como se indica a continuación? (Quien desee controlar su peso debe usar la cantidad menor para las raciones).

Grupo alimentario	Qué cantidad se necesita cada día	Lo cual se materializa como…	Comentarios/Aportaciones
Frutas	1, 5-2 tazas	1 taza En general, 1 taza de fruta o de zumo de fruta al 100 %. 1 plátano/naranja/melocotón grandes, 1 pera mediana o 1 manzana pequeña 1/2 taza de fruta seca	Las frutas y las hortalizas aportan fibra, energía y muchas vitaminas, minerales y sustancias fitoquímicas que reducen el riesgo de padecer diversas enfermedades (por ejemplo, el potasio reduce el riesgo de hipertensión). Intenta comer una amplia variedad de frutas y hortalizas de vivos colores: verdes, rojos, naranjas, amarillos y blancos. Varias veces a la semana, incluye hortalizas crucíferas, como el brécol, la coliflor, el repollo, las coles de Bruselas y la col rizada.
Hortalizas	2-3 tazas	1 taza En general, 1 taza de hortalizas crudas o cocinadas, o de zumo de hortalizas, o bien 2 tazas de verduras crudas. 1 taza de alubias y guisantes secos (negros, garbanzos, habas de soja/tofu, guisantes, lentejas, etc.). Hay que incluirlos en este grupo o en el de las proteínas, pero no en ambos.	

Grupo alimentario	Qué cantidad se necesita cada día	Lo cual se materializa como...	Comentarios/Aportaciones
Granos	150-240 gramos	Equivale a 30 gramos 1 rebanada de pan o una rosca pequeña. 1 taza de cereales listos para comer (compruebe la etiqueta). 1/2 taza de arroz, pasta o cereales cocinados. 3 tazas de palomitas de maíz. 1 panqueque (10 centímetros) o 1 tortita pequeña (15 centímetros). Medio mollete inglés.	La mayoría de las raciones deben ser de granos integrales, que reducen el riesgo de padecer enfermedades cardíacas y de otro tipo. Los granos integrales contienen fibra, vitaminas del complejo B, antioxidantes, minerales y diversas sustancias químicas vegetales. Los granos integrales incluyen la avena, el trigo integral, el bulgur, la cebada integral, las palomitas de maíz y el arroz integral.
Proteína	150-200 gramos	Equivale a 30 gramos. 30 gramos de pescado, carne de ave o carne roja cocinados. 1 huevo. 1/4 taza de alubias y guisantes cocinados. 1 cucharada sopera de mantequilla de cacahuete. 15 gramos de frutos secos o semillas.	Todos o casi todos los días se deben incluir frutos secos, semillas y/o alubias y guisantes (por ejemplo, judías pintas, lentejas, habas de soja/tofu u otros productos de soja). Téngase en cuenta que 15 gramos de frutos secos equivalen a 12 almendras, 24 pistachos o 7 medias nueces. Las grasas del pescado son especialmente beneficiosas para el cerebro. Intenta comer al menos 2 o 3 raciones de pescado a la semana, con un total de por lo menos 240 gramos.
Lácteos	3 tazas	1 taza 1 taza de leche baja en grasa o desnatada, yogur o leche de soja enriquecida con calcio. 45 gramos de queso natural bajo en grasa o desnatado, como por ejemplo suizo o cheddar. 60 gramos de queso procesado bajo en grasa o desnatado (americano).	Los lácteos son una fuente importante de calcio, potasio, proteína, vitaminas del complejo B y otras vitaminas y minerales.

Grupo alimentario	Qué cantidad se necesita cada día	Lo cual se materializa como…	Comentarios/Aportaciones
Grasas	5-7 cucharaditas pequeñas (un añadido, no un grupo alimenticio)	Equivale a 1 cucharadita pequeña 1 cucharadita pequeña de aceite vegetal. 1 cucharadita pequeña de margarina blanda. 1 cucharadita pequeña de mayonesa. 1 cucharadita pequeña de aliño de ensalada. Media cucharadita pequeña de mantequilla de cacahuete.	Las grasas aportan los ácidos grasos necesario y vitamina E. Los aceites de oliva y colza son especialmente beneficiosos. Evita las grasas trans e hidrogenadas, presentes en los tentempiés comerciales, los productos de pastelería, la margarina en barrita y las comidas rápidas fritas.
Calorías vacías (principalmente grasas saturadas y/o azúcares añadidos)	No necesarias ni recomendadas. Intentar limitar al 10 % o menos de la ingesta calórica total. Muchos prefieren «gastar» estas calorías con otros grupos alimenticios.	**Calorías en raciones normales:** 360 ml de refresco con azúcar o de frutas = 150 calorías 1 rebanada de tarta de queso (entre 1/8 y 1/2 tarta de 20 centímetros) = 620 calorías 1 cucharada sopera de jalea o mermelada = 50 calorías 360 ml de cerveza light = 110 calorías Barrita de chocolate de 60 gramos = 250 calorías 1 taza de helado = 400 calorías 30 gramos de nachos de maíz = 152 calorías 1 dónut de jalea = 290 calorías	

Tomado de *Pautas dietéticas para estadounidenses 2015-2020*. Ver www.ChooseMyPlate.gov para pautas más detalladas y mucha información práctica sobre nutrición y actividad física. Excepto en lo referente a los lácteos, las cantidades mencionadas dependen de la edad, el sexo y el nivel de actividad física. Las cantidades necesarias presuponen que se gastan entre 1600 y 2400 calorías al día. Los varones que sean más jóvenes o más activos, por ejemplo, pueden necesitar consumir cantidades en el nivel superior, o a veces más.

2. ¿Aporta tu plan suficiente variedad para obtener todos los nutrientes necesarios? Es decir, ¿varías tus elecciones dentro de cada grupo? (Por ejemplo, en lugar de una manzana diaria, prueba a comer plátanos o bayas como alternativa).

3. ¿Sigue tu plan las otras pautas expuestas anteriormente en la sección de «Hábitos alimentarios»? (Nota: Si prefieres hacer tu plan en Internet y conocer la comparación de tu dieta y actividad física con las cantidades recomendadas, entra en http://www.ChooseMyPlate.gov y localiza la excelente herramienta de las autoridades gubernamentales, SuperTracker).

Ejemplo de menú: Una semana de comidas

Anota qué piensas comer cada día y las cantidades de comida y bebida que consumirás.

	Lunes	Martes	Miércoles	Jueves	Viernes	Sábado	Domingo
Desayuno							
Almuerzo							
Comida							
Merienda							
Cena							
Tentempié							

Un compromiso inicial de catorce días

Lleva un registro durante catorce días para ver si cumples el plan establecido. Durante los catorce días, haz los ajustes que necesites y después continúa con el plan mientras lees el resto del libro. En algún momento durante los catorce primeros días, efectúa los ejercicios de «Preevaluación» y «Valorando tu reacción» que siguen a continuación. Acude al capítulo 3 después de haber completado estos pasos.

Un registro diario

Día	Fecha	Ejercicio (minutos)	Número de comidas hechas	Sueño		
				Horas	Hora de acostarse	Hora de levantarse
1.						
2.						
3.						
4.						
5.						
6.						
7.						
8.						
9.						
10.						
11.						
12.						
13.						
14.						

Preevaluación

Siéntate cómodamente. Respira profundamente varias veces, relájate y contesta las siguientes preguntas por escrito.

1. ¿Dónde se encuentra tu autoestima últimamente? Algunos responden esto de forma sencilla, como baja, media o alta, o en una escala de 1 a 10. En otros casos, las respuestas son más complejas. Por ejemplo, tal vez notemos que nuestra autoestima en realidad fluctúa; o que, aunque nos estemos haciendo más fuertes, seguimos luchando con los errores que cometemos o hemos cometido, o con las expectativas que tenemos nosotros u otras personas. Se necesita energía y valor para reconocer sinceramente lo que somos. Tenemos que limitarnos a observar dónde nos encontramos ahora, sin juzgarnos a nosotros mismos ni pensar qué pueden pensar los demás.

2. ¿Cómo contribuyó tu familia de origen, para bien o para mal, a tu autoestima?

3. ¿Qué has aprendido a hacer para aumentar tu autoestima?

4. ¿Qué es lo que puede hacerte peor persona, si es que lo hay?

5. ¿Qué es lo que puede hacerte mejor persona, si es que lo hay?

6. Usando algún medio artístico –rotuladores o lápices de colores artísticos, pintura, ceras, pinturas de dedos, etc.–, dibuja tu opinión sobre ti mismo en otra hoja de papel. Hay algo revelador y casi mágico al expresar sin palabras cómo nos sentimos nosotros mismos.

Las respuestas a las preguntas tres, cuatro y cinco, especialmente, pueden proporcionarnos una idea de lo que en última instancia puede fortalecer la autoestima, aunque no del modo que la mayoría de la gente cree. ¿Notaste que las mismas cosas que elevan tu autoestima también pueden amenazarla? Por ejemplo, si conseguir un aumento de sueldo eleva tu autoestima, ¿fracasar en el acto de conseguir una promoción la hace disminuir? Si un cumplido te hace *sentir* superior, ¿las críticas te hacen sentir inferior? Si el amor aumenta tu autoestima, ¿una relación que no funciona la destruye?

Muchos suponen que extraemos valor de lo que hacemos; de las habilidades, el talento y los rasgos de carácter; o de la aceptación por parte de otros. Aunque todo esto sea deseable, recomiendo que no se utilice nada de esto en los primeros pasos para desarrollar la autoestima. Entonces, ¿de dónde procede la valía humana?

Valorando tu reacción

Piensa qué significa para ti la siguiente cita de H. J. M. Nouwen (1989).

> No pretendo sugerir que la productividad sea algo inadecuado o que deba menospreciarse. Por el contrario, la productividad y el éxito pueden mejorar en gran medida nuestras vidas. Pero cuando nuestro valor como seres humanos depende de lo que hacemos con nuestras manos y nuestras mentes, nos volvemos víctimas de la táctica del miedo de nuestro mundo. Cuando la productividad es nuestra forma principal de superar nuestras dudas, somos extremadamente sensibles al rechazo y las críticas, y propensos a la ansiedad y la depresión. La productividad nunca podrá ofrecernos el profundo sentido de pertenencia que anhelamos. Cuanto más producimos, más nos damos cuenta de que los éxitos y los resultados no pueden aportarnos la experiencia de «sentirnos como en casa». De hecho, nuestra productividad a menudo nos revela que estamos impulsados por el miedo. En este sentido, la esterilidad y la productividad son lo mismo: ambas pueden ser indicios de que dudamos de nuestra capacidad para vivir una vida fructífera.

¿Qué significa esta cita para ti? Responde en cuatro frases completas.

1. _____

   _____

   _____

2. _____

   _____

   _____

3. _____

   _____

   _____

4. _____

   _____

   _____

Si, como sugiere Nouwen, la valía y tal vez el bienestar mental no son consecuencias de la productividad, según tú, ¿qué fomenta la sensación de valor y bienestar? ¿Se pueden enseñar? ¿Cómo se los enseñaríamos a un niño?

Nouwen continúa:

> Viviendo con Jean Vanier y sus personas discapacitadas, me doy cuenta de que me dejo guiar por el éxito. Vivir con hombres y mujeres que no pueden competir en el mundo de los negocios, la industria, los deportes o el mundo académico, pero para quienes vestirse, caminar, hablar, comer, beber y jugar son sus «logros» principales, es extremadamente frustrante para mí. Puedo haber llegado a la comprensión teórica de que ser es más importante que hacer, pero cuando se me pide que simplemente esté con personas que pueden hacer muy poco, me doy cuenta de lo lejos que me encuentro de hacer mía esa idea. Por eso los discapacitados se han convertido en mis maestros, diciéndome de muchas maneras diferentes que la productividad es algo más que tener éxito. Algunos podemos ser productivos y otros no, pero todos estamos llamados a dar frutos; la fecundidad es una verdadera cualidad que nace del amor.

¿Crees que hay desventajas peores que las físicas? Explícalo.

_____

_____

_____

_____

Si fueses discapacitado (mental, física o emocionalmente), ¿qué tipo de actitud podría mantenerte alejado de la locura?

_____

_____

_____

_____

_____

_____

CAPÍTULO 3

La autoestima y cómo se desarrolla

¿Qué es lo que permite tener autoestima? Las investigaciones son muy claras. Si quieres tener autoestima, resulta de ayuda elegir bien a tus padres. Los niños con buena autoestima tienden a tener padres que también la tienen. Estos padres quieren constantemente a sus hijos, expresan interés por la vida del niño y sus amigos y les dedican tiempo y los estimulan. Me acuerdo de un hombre que le dijo a su vecino: «¿Por qué pasaste todo el día con tu hijo arreglando la bicicleta, cuando en la tienda la podían haber arreglado en una hora?». El vecino contestó: «Porque quiero que mi hijo se desarrolle bien, no reparar la bicicleta».

Los padres de niños con autoestima tienen estándares y expectativas elevados, pero esas expectativas son claras, razonables, consistentes y ofrecidas con apoyo y estímulos. El estilo disciplinario es democrático, es decir, se respetan las opiniones y la individualidad del niño, pero los padres toman las decisiones finales en los asuntos de importancia.

En efecto, los padres comunican mensajes que dicen: «Confío en ti, pero también sé que no eres perfecto. Sin embargo, te amo, y por lo tanto invertiré tiempo para guiarte, establecerte límites, disciplinarte y esperar lo mejor de ti, porque creo en ti y te valoro». Estos mensajes son muy diferentes de la desconfianza transmitida por los padres autoritarios y la falta de cuidados que transmiten los padres permisivos.

Algunas personas no tienen ninguno de estos antecedentes paternos, pero aun así tienen autoestima. Por tanto, esto nos lleva a una pregunta muy importante: en ausencia de estos antecedentes, ¿cómo se construye la autoestima? La mayoría supone que nos valoramos por lo que hacemos; por las habilidades, rasgos de carácter y talento, o por la aceptación de otros. De nuevo, creo que nada de esto constituye un buen punto de partida para desarrollar la autoestima. Entonces, ¿por dónde empezamos? Comencemos examinado qué es la autoestima.

¿Qué es la autoestima?

En principio, la autoestima suele ser algo estable, pero puede fluctuar incluso de un día a otro según los esquemas de pensamiento, en los cuales pueden influir, entre otras cosas, la salud física, la química corporal, el aspecto y las relaciones. El hecho de que la autoestima pueda variar es un motivo para ser optimistas, porque sugiere que puede cambiarse.

La definición de autoestima es fundamental para nuestro viaje. La «autoestima» es una opinión realista y valorativa de nosotros mismos. «Realista» conlleva que sea precisa y sincera. «Valorativa» implica que hay sentimientos positivos y que nos gustamos. Algunos hablan de alta y baja autoestima, pero esto hace que la autoestima se parezca a un juego numérico competitivo y comparativo. Es preferible limitarse a decir que las personas poseen autoestima cuando tienen una opinión realista y apreciativa de sí mismas. La siguiente figura aclara el significado de la autoestima. La autoestima se encuentra justo en medio entre la «vergüenza autodestructiva» y el «orgullo autodestructivo».

Vergüenza autodestructiva   Autoestima   Orgullo autodestructivo

Las personas con *orgullo autodestructivo* están intentando ser más que humanas. Son arrogantes y narcisistas, lo que significa que creen que son mejores y más importantes que otros como personas. Su visión de los demás es vertical, o comparativa, lo que quiere decir que estar en lo más alto conlleva que otros deben estar por debajo de ellos. El orgullo autodestructivo suele partir de la inseguridad. Si estudiamos las vidas de dictadores famosos, a menudo nos encontramos una completa ausencia de los antecedentes parentales que expliqué antes.

Las personas con *vergüenza autodestructiva,* o *humildad autodestructiva,* creen que son menos que humanas. Ven a la gente verticalmente, y se ven a sí mismos como el punto más bajo. Sostienen una opinión poco realista y poco favorable de sí mismos.

En comparación con las opiniones anteriores, las personas con autoestima creen que no son ni más ni menos que humanos. Aunque conocen sus defectos y su lado negativo, siguen estando profunda y tranquilamente contentos de ser quienes son (Briggs 1977). Son como los buenos amigos que te conocen bien y a los que de todas formas gustas, porque reconocen la bondad, la excelencia y el potencial que coexisten junto con las imperfecciones. Las personas con autoestima ven a las demás como iguales, en un plano equilibrado u horizontal.

Conceptos relacionados con la autoestima

La autoestima suele ignorarse porque tanto ella como los conceptos relacionados con ella pueden ser algo confusos y complejos. Vamos a aclarar parte de esta confusión explicando los conceptos relacionados con la autoestima.

Identidad

La «identidad» responde a estas preguntas: «¿Quién soy yo?». «¿Qué me define a mí y a mi carácter esencial?». La identidad ofrece una sensación de uno mismo y de su individualidad (por ejemplo, la identidad de una mujer derivada solamente de su papel como esposa; la identidad de un parapléjico no definida por su cuerpo inválido, sino por su yo real o interior).

Valorar

Valorar es pensar bien de alguien, concederle valor y disfrutar; reconocer con gratitud, y estimar *adecuadamente* las cualidades o la valía de alguien o de algo.

Aceptar

Aceptar es recibir (es decir, adoptar como propio) favorable y placenteramente; aprobar, creer y responder positivamente a alguien o algo. La *autoaceptación* consiste en creer en uno mismo y aceptarse de forma positiva. Podemos reconocer con exactitud nuestros propios puntos débiles, decidirnos a mejorar y aun así aceptarnos a nosotros mismos. El diálogo interno podría ser algo como esto: *Reconozco mis defectos. Me quiero, aunque no tengan por qué gustarme todos mis comportamientos. Conforme mejore mi conducta, podré sentirme mejor conmigo mismo y con mi comportamiento.*

Autoconfianza

«La confianza en uno mismo» suele hacer referencia a la creencia en nuestras capacidades; está relacionada con la competencia y la autoeficacia. A medida que aumenta la competencia, crece también la confianza. En el sentido más amplio y más profundo, la *autoconfianza* es la creencia en nosotros como personas, lo cual conduce a un sentido general de «puedo lograrlo». Las personas con autoconfianza pueden decirse a sí mismas: *Dado que cualquiera puede hacer casi cualquier cosa —partiendo de que se tiene tiempo, práctica, experiencia, recursos suficientes, etc.—, ¿por qué no voy a poder yo? Tal vez no tenga un éxito completo y rápido, pero el camino tomado será algo deseable.*

Demostrar la competencia es satisfactorio, pero es una consecuencia de la autoestima, no el modo de conseguirla.

La competencia y la confianza se correlacionan con la autoestima, pero no hay una relación causal. Si basamos los sentimientos de valía en la competencia y en los logros, entonces si fracasamos no vale la pena.

Orgullo

El ministro inglés Charles Caleb Colton (1780-1832) escribió que el orgullo «convierte a algunos hombres en ridículos, pero impide que otros lleguen a serlo». Tal como dice esta cita, hay dos lados del orgullo en lo relativo a la autoestima: autodestructivo y saludable.

Como dijimos antes, el «orgullo autodestructivo» es la actitud que consiste en que uno es superior, más valioso o más importante como persona que otros. Esas personas también se perciben como más capaces, autosuficientes o infalibles de lo que realmente son. Entre los sinónimos del orgullo autodestructivo están la «soberbia», la «arrogancia», el «engreimiento», la «pretenciosidad» (es decir, el intento de impresionar), la «vanidad» (es decir, el deseo o necesidad excesivos de ser admirados) y el «narcisismo» (es decir, egoísmo, un sentido grandioso del yo, una naturaleza abusiva). El orgullo autodestructivo suele basarse en el miedo (como el temor a ser vulnerable) o en la necesidad de defenderse a uno mismo.

El «orgullo sano» es un sentido realista de la propia dignidad o valía; autorrespeto; gratitud y deleite por nuestros logros, talentos, servicios o pertenencia (es decir, a la familia, la raza, etc.).

Humildad

También hay dos lados de la humildad: la humildad autodestructiva y la humildad saludable. La «humildad autodestructiva» es la sumisión sin frutos, la despreocupación y una abyecta falta de respeto por uno mismo (es decir, «lo peor del mundo»).

La «humildad saludable», por el contrario, implica la ausencia de orgullo autodestructivo, el reconocimiento de las imperfecciones o las debilidades de uno mismo, la conciencia de las propias deficiencias e ignorancia, y la capacidad de aprender. Es la comprensión de que todo el mundo tiene la misma valía. La humildad saludable se relaciona con una conducta de modestia (en el sentido positivo), es decir, que alguien es tranquilo, paciente y no se deja llevar fácilmente por la ira.

La humildad saludable y el orgullo saludable coexisten en una persona con autoestima: la humildad porque uno se da cuenta de lo mucho que aún tiene que aprender, y el orgullo de reconocer la dignidad y valía que compartimos con todos los demás seres humanos.

La divertida historia que viene a continuación (De Mello 1990) hace referencia a una persona carente de humildad saludable:

Un gurú aconsejó a un erudito:

—Ve hacia la lluvia y alza los brazos hacia arriba. Eso te ofrecerá una revelación.

Al día siguiente, el erudito informó:

—Cuando seguí tu consejo, el agua fluyó por mi cuello –le dijo al gurú–. Me sentí como un completo estúpido.

—Para ser el primer día, es una importante revelación –respondió el gurú.

Egoísmo

Algunos, por error equiparan, el egoísmo con la autoestima. Por ello, vamos a establecer un principio importante: el objetivo de la autoestima es trascender el yo. La autoconciencia es una situación dolorosa que mantiene nuestra perspectiva dirigida hacia nuestro interior. Sanar el dolor con amor permite que la perspectiva se expanda hacia afuera, haciéndonos más libres para amar a otros y disfrutar de la vida. La persona que tiene autoestima ama eligiendo una base segura (en contraposición, por ejemplo, a un individuo codependiente que no posee autoestima ni capacidad de elección). Por tanto, el desarrollo de la autoestima merece nuestros mejores esfuerzos.

Análisis coste-beneficio

Algunas personas no desarrollan su autoestima porque no saben cómo hacerlo. Pero otras se resisten a la construcción de su autoestima, por difícil que pueda parecer, porque hay ventajas visibles en la autoaversión. Antes de invertir el tiempo necesario para desarrollar nuestra autoestima, hagamos lo que un buen administrador haría antes de considerar un nuevo plan: un análisis coste-beneficio. En primer lugar, haz una lista con todas las ventajas de la autoaversión que puedas imaginar. Cuando hayas terminado, enumera todas las desventajas.

Ejemplos de ventajas de la autoaversión

- No hay riesgos. No tengo expectativas sobre mí mismo ni sobre los demás. Puedo ser perezoso y establecer metas poco elevadas. Rara vez me decepcionaré a mí mismo o a otros.

- El mundo es predecible. Entiendo que la gente no me acepte porque yo no me acepto a mí mismo. Creo que no tengo por qué intentarlo.

- A veces atraigo sentimientos de lástima y atención, al menos inicialmente.

- Es algo normal en mi familia. Cuando sigo ese esquema, siento que encajo en él.

- Me impide desarrollar un orgullo autodestructivo.

- Justifica mis malos hábitos relacionados con el vestido y el hecho de ir bien arreglado.

Ejemplos de inconvenientes de la autoaversión:

- Es muy dolorosa.

- La vida no es divertida.

- Genera síntomas y enfermedades psicosomáticos.

- Crea un círculo vicioso: puesto que tengo una mala opinión de mí mismo, no lo intento. Entonces otros me tratan mal. Interpretan mi pesimismo y mi apatía como indicadores de incompetencia. Su mal trato hacia mí confirma mi mala opinión de mí mismo.

Tus ventajas e inconvenientes personales

Pros/Ventajas   **Contras/Inconvenientes**

(Lo bueno de la autoaversión es …)   (Lo malo del autoaversión es …)

_____

_____

_____

_____

Beneficios del cambio emocional

Este análisis plantea algunas cuestiones muy importantes. La pregunta definitiva, por supuesto, es la siguiente: ¿la autoaversión es un problema para mí en términos de costes emocionales, físicos o sociales? Otras preguntas son: ¿hay formas de desarrollar la autoestima y aun así conseguir mis deseos de atención, ayuda, seguridad, etc.? ¿Estoy dispuesto a correr el riesgo de perder algunos de los beneficios de la autoaversión para obtener los beneficios de la autoestima?

Algunos consideran útil hacer una prueba antes de comenzar a cambiar. Trata de responder a esta pregunta: ¿cuáles serían las consecuencias positivas de tener una opinión realista y valorativa de mí mismo?

A continuación se presentan varios ejemplos de respuesta:

- Sería menos susceptible a la persuasión.

- Me sentiría menos impulsado por el miedo.

- Estaría más motivado por el disfrute y la satisfacción personal.

- Sería más feliz.

- Me gustaría conseguir más cosas.

- Me arriesgaría más.

- Aceptaría mejor mis puntos débiles y estaría más dispuesto a trabajar en ellos.

- Sería más feliz con mis relaciones y tendría menos probabilidad de quedarme con compañías que no valen la pena.

- Sería más cómodo expresar mis sentimientos.

- Sería menos egoísta y autoprotector.

- Me cuestionaría a mí mismo y mis acciones menos cuando las cosas fuesen mal.

- Me preocuparía menos.

- Sería más probable que me respetaran y me trataran bien.

- Me consideraría más atractivo.

- Disfrutaría más de la vida.

- Tomaría decisiones mejores y más objetivas.

- Me gustaría lo que soy yo, y no alguna otra persona que desearía ser.

Escribe tus respuestas a continuación.

_____

_____

_____

_____

_____

Cómo desarrollar la autoestima

Para cambiar la autoestima hay que entender antes los factores sobre los que se construye. La autoestima se basa en tres factores secuenciales: (1) la valía humana incondicional, (2) el amor y (3) el crecimiento.

Los fundamentos de la autoestima

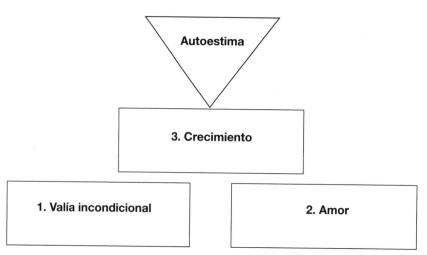

Aunque los tres factores son esenciales para desarrollar la autoestima, el *orden* es crucial. La autoestima se basa primero en la valía incondicional, luego en el amor y por último en el crecimiento. «Crecer» (o «llegar a florecer») hace referencia a moverse en la dirección deseada. Muchas personas se frustran cuando tratan de construir su autoestima porque comienzan con el crecimiento y descuidan los dos primeros factores importantes: la valía incondicional y el amor. Sin una base segura, la autoestima se viene abajo. Así que lo mejor es un enfoque metódico que evite los atajos.

El resto de este libro trata secuencialmente el desarrollo de las habilidades necesarias para dominar cada uno de los factores esenciales para la construcción de una autoestima saludable: la sección denominada «Factor I» se centra en el valor humano incondicional, la sección denominada «Factor II» trata sobre el amor y la sección llamada «Factor III» se centra en el crecimiento.

PARTE II

LAS HABILIDADES
DE LA AUTOESTIMA

FACTOR I

La realidad de la valía humana incondicional

CAPÍTULO 4

Los fundamentos de la valía humana

«Valía humana incondicional» significa que eres importante y valioso como persona porque tu ser esencial y central es único y hermoso; de valor infinito, eterno e inmutable, y bueno. La valía humana incondicional implica que eres tan valioso como cualquier otra persona.

Las leyes de Howard sobre la valía humana

La valía humana incondicional la describen bellamente cinco axiomas, que yo llamo leyes de Howard, basadas en el trabajo de Claudia A. Howard (1992).

1. Todos tenemos una valía infinita, interna, eterna e incondicional *como personas.*

2. Todos tenemos la misma valía como personas. La valía no consiste en comparar ni competir. Aunque el lector tal vez sea mejor en los deportes, los estudios o los negocios, y yo quizás sea mejor en las habilidades sociales, los dos valemos igual como seres humanos.

3. Los factores externos no aumentan ni disminuyen la valía. Entre los factores externos están el dinero, la apariencia, el rendimiento y los logros. Sólo aumentan el valor *de mercado* o *social*. La valía como persona, por el contrario, es infinita e inmutable.

4. La valía es estable y nunca se encuentra en peligro (aunque alguien nos rechace).

5. La valía no debe ganarse ni demostrarse. Ya existe. Sólo hay que reconocerla, aceptarla y apreciarla.

El yo interno

El «yo interno humano», a veces llamado «ser espiritual y esencial», es como el cristal esférico con unas caras que reflejan maravillosamente la luz del sol.

El yo interno

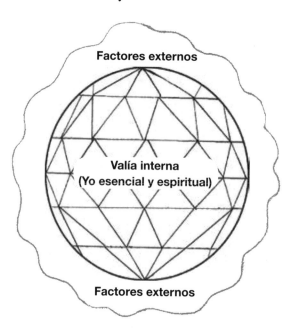

Al igual que un bebé recién nacido, el interior es fundamentalmente adecuado y total: completo, pero no completado. «Completado» significa totalmente desarrollado y terminado. Una persona es *completa* en el sentido de que cada uno de nosotros cuenta con todos los atributos, en germen, que todos los demás tienen: todos los atributos necesarios. El interior es hermoso, adorable y lleno de potencial. Esta anécdota, contada por George Durrant (1980), un maestro bondadoso y amable, demuestra la calidad interior del yo interno:

> Un hombre estaba peleando en el suelo con sus hijos y notó que estaba cansado, así que fingió estar muerto. Se trata de una forma de descansar. Los pequeños estaban muy preocupados, uno era un poco mayor que el otro y abrió el ojo de su padre y le dijo a su hermano menor con cierta tranquilidad: «Todavía está ahí *dentro*».

Lo que hay *dentro* es el yo interno. Con el tiempo, el yo interno se rodea de elementos externos. Igual que una fina película de polvo sobre la superficie de cierto volumen de agua, algunos factores externos pueden ocultar el interior. Otros, como una aureola, pueden limpiar el interior y permitir que su luz se vea o se experimente. Por ejemplo, los errores o la crítica pueden camuflar el interior, haciendo difícil que veamos y experimentemos nuestra valía. El amor de los demás nos ayuda a sentir nuestra valía. Un talento que se comparte es una forma de expresar la valía. Esto cambia la forma en que se experimenta la valía, no ella en sí misma.

Algunas personas se pasan la vida tratando de tener buen aspecto con el fin de encubrir algo que les avergüenza, o una sensación de falta de valía, en su interior. Sin embargo, si usamos elementos externos para llenar el sentimiento de vacío de nuestro interior, nos quedaremos insatisfechos, tal vez siempre buscando aprobación o volviéndonos cínicos. Por ejemplo, los psiquiatras nos dicen que sus consultas están llenas de gente que pregunta: «Doctor, tengo éxito. ¿Por qué no soy feliz?».

Es imposible conseguir valía interna mediante el rendimiento personal o cualquier otra cosa externa. Ya existe. Lee la siguiente lista de factores externos.

La valía como persona es independiente de los factores externos

Nivel de energía

Aspecto o apariencia

Fuerza

Inteligencia

Formación

Sexo

Raza, etnia o color de piel

Logros o títulos académicos

Habilidades

Amabilidad

Talentos

Capacidad creativa

Discapacidades

Ventajas materiales

Riqueza

Errores

Conducta

Decisiones

Posición y estatus

Condición física

Modales

Valor neto o mercantil

Voz

Ropas

Coche

Espiritualidad

Actividad en la iglesia

Valía

Bendiciones

Imagen familiar

Estatus o carácter de los padres

Rasgos de personalidad

Situación matrimonial

Personas con las que quedamos

Energía

Idoneidad

Estatus económico o inversiones

Inexperiencia

Nivel operativo actual

Actitudes

Autoevaluaciones diarias

Rendimiento

Higiene o aseo

Enfermedad o salud

Productividad

Adaptación

Confianza

Control sobre los acontecimientos

Egoísmo o filantropía

Sentimientos

Comparaciones

Competencia en relación con otros (por ejemplo, en deportes, sueldo, etc.)

Juicios de otros

A cuántas personas gustamos

Aprobación o aceptación por parte de otros

Cómo nos tratan otras personas

Ejemplos ilustrativos

La persona que tiene autoestima contempla y valora el yo interno. Esta persona considera los defectos como algo ajeno a lo interior; requiere atención, desarrollo, cuidados y aceptación cuando el cambio no es posible. Los cuatro ejemplos siguientes ilustran la idea del valor de lo interior.

Yo asimilo la valentía tomada de un ejemplo de un joven y enérgico chico. Confinado a una silla de ruedas, me explicó con toda naturalidad: «Un tumor rompió el nervio que indica a mis piernas lo que deben hacer». Sabía separar la propia valía de los factores externos.

Otra persona que irradia una tranquila alegría interior es Ken Kirk, antiguo alumno mío, que escribió este poema:

Si yo pudiera ser

Si pudiera ser un árbol,
daría sombra a toda la humanidad.

Si pudiera ser el mar,
estaría tranquilo para que todos viajasen.

Si pudiera ser el sol,
daría calor a todos los seres vivos.

Si pudiera ser el viento,
sería una fresca brisa en un caluroso día de verano.

Si pudiera ser la lluvia,
mantendría la tierra fértil.

Pero, para ser cualquiera de estas cosas, tendría que dejar de ser todo lo demás. Y por eso,
si pudiera ser cualquier cosa, no sería nada más que yo mismo.

El estado de Virginia tiene varias bellas posadas coloniales que ofrecen cama y desayuno. Mientras me encontraba en una con una hermosa chimenea de piedra, vi un antiguo pato de madera. Grande, simple y sin pintar, tal vez tallado por algún granjero, añadía un sencillo toque de clase a la acogedora habitación. Cerca de la chimenea había un gran tronco, al que concedí valor porque la noche era fría. Pregunté a mis alumnos cuál de ellos tenía más valor: ¿el pato de madera o el tronco de madera? Una mujer contestó después de pensar: «Su valor es el mismo. Sólo son distintos».

Una maestra de escuela, amiga mía, estaba en un autobús con sus alumnos. El autobús fue embestido por otro autobús, lo que ocasionó varios heridos. «Después del accidente –reflexionó–, observé a los niños corriendo, asumiendo el papel de líderes y cuidándose los unos a los otros, y entonces pude ver de verdad su valía». Los acontecimientos pueden ayudarnos a *ver* la valía, pero no aumentan ni disminuyen la valía de nuestro interior.

Diferenciar la valía de los factores externos

Separar la valía interior de los factores externos es uno de los principales objetivos del desarrollo de la autoestima.

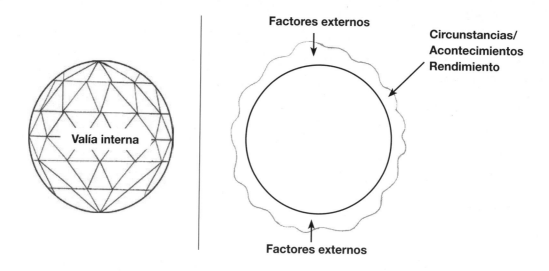

Utilizado con permiso de Claudia A. Howard, de Seminarios para el Potencial del Individuo, al igual que las dos imágenes que vienen a continuación.

El objetivo de la separación de la valía respecto de los factores externos puede ser algo complicado en la cultura actual. La programación televisiva y otros medios de entretenimiento pueden transmitir el mensaje de que no valemos si no somos jóvenes, enérgicos, guapos o ricos. La apresurada vida de las ciudades actuales transmite el mensaje de que debemos tener mucha energía y éxito para ser alguien. Llevada a su extremo sin limitaciones, la ética del trabajo actual sugiere que perdemos nuestra valía si dormimos, estamos de vacaciones o no producimos.

Consideremos dos modos de ver la valía humana: la primera (representada por la primera figura) sugiere que la valía consiste en factores externos; la segunda (representada por la segunda figura) sugiere que la valía está separada de los factores externos.

Cuando la valía consiste en factores externos

Cuando la valía consiste en factores externos, la autoestima aumenta y disminuye según los acontecimientos. Por ejemplo, una estudiante de instituto puede sentirse menos valiosa cuando se mira en el espejo y se fija en su aspecto. Pero después se siente mejor cuando un chico guapo la saluda; cuando no le pide una cita, se siente deprimida. Después de un cumplido sobre su vestido, se siente muy bien; después de un duro examen de matemáticas, se siente mal. Se siente muy bien cuando empieza a salir con ese chico, pero se considera desdichada cuando rompen. Se encuentra en una montaña rusa emocional.

Para los adultos, los puntos más altos pueden llegar con los ascensos, galardones o graduación en la facultad de Medicina. Los puntos más bajos pueden llegar con las críticas, el mal rendimiento o cuando el equipo favorito pierde un partido.

Si nuestra valía consiste en nuestro trabajo o nuestro matrimonio, ¿cómo nos sentiremos si somos conscientes de que ya hemos obtenido nuestro último ascenso, o si nos hemos divorciado? Nuestros sentimientos seguramente superarán la tristeza y la decepción normales y adecuadas. Cuando se pone en duda la valía, suele llegar la depresión. Si la valía humana se identifica con el valor mercantil, entonces sólo los ricos y poderosos la tienen. Según esta línea de razonamiento, un multimillonario o Hitler valdrían más que la madre Teresa.

Cuando la valía se separa de los factores externos

Cuando la valía se separa de los factores externos, el valor humano se convierte en algo intrínseco e inmutable, independiente de los acontecimientos o circunstancias externas. En este caso distinguimos el hecho de sentirse mal por acontecimientos o comportamientos (culpa) del de sentirse mal por nuestro yo interno (vergüenza). El sentimiento de culpa por un comportamiento estúpido es una motivación saludable para el cambio. Sin embargo, condenar nuestro interior debilita la motivación.

La idea es juzgar la conducta, pero no nuestro yo interno. Podemos ser razonablemente objetivos al juzgar los comportamientos y presentar los grados de capacidad. Es difícil ser razonable u objetivos cuando hemos condenado nuestro yo interno.

También es recomendable separar las sensaciones incómodas que surgen de la decepción, la enfermedad, la fatiga, las fluctuaciones químicas, la ira, la ansiedad y cosas similares en relación con sentirse mal por nuestro yo interno.

Veamos un ejemplo de una situación difícil. Digamos que a otra persona se le concedió un ascenso que tú deseabas. Te dices a ti mismo: «Tal vez algunas de mis habilidades no sean aún adecuadas para ese puesto». Se trata de una declaración de hechos que juzga tu nivel de capacidad, experiencia o formación. Y generaría una lógica decepción, y tal vez la decisión de mejorar tus capacidades. Por otro lado, si te dices a ti mismo: «No soy suficientemente bueno como persona», se trata de una afirmación valorativa que significa que eres inferior como persona. Obviamente, esta opción autodestructiva en el pensamiento llevaría a la autoaversión y quizás a la depresión. Así que debes juzgar tus habilidades actuales y tu rendimiento, nunca tu yo interior.

Por qué las personas tenemos valía

Dedico esta sección a las personas que se esfuerzan por asimilar la idea de valía incondicional. Estoy pensando en un hombre de éxito de cincuenta años de edad que asistía a una clase de autoestima. Inteligente y brillante, escuchó los axiomas de la valía humana. Se esforzaba, parecía que quería creer en ellos, pero no podía entender por qué todos los seres humanos pueden tener valía a pesar de sus imperfecciones y conductas inadecuadas. Al final llegó a ver la luz, para su deleite.

Me gustaría empezar planteando algunas preguntas: ¿por qué la gente gasta millones de dólares para sacar de un pozo a una niña de dos años que nunca ha hecho nada digno de señalar? ¿Por qué queremos a los niños pequeños? ¿Cómo podemos compararnos con un perro o con un objeto inanimado? ¿Cómo somos de distintos?

Un humano cuenta con valía por al menos cuatro razones.

1. *Su dotación actual.* La naturaleza innata del ser humano es agradable. Es divertido ver a un niño jugar con las hojas de un árbol o responder a la belleza de la naturaleza. Es divertido amar a los niños y verles responder con una sonrisa, alegría, sentido del juego, afecto, o sensación de seguridad, para aceptar el mundo con entusiasmo.

2. *Sus capacidades.* Cuando la gente se comporta de forma desagradable, es divertido reflexionar sobre su potencial para embellecer la vida con el arte, la artesanía u otras formas de creación; con emociones de placer, aceptación y ánimo; y con risas, trabajo y amor. Las capacidades son innatas, y las personas pueden descubrirlas y desarrollarlas. Cuando erramos, tenemos la capacidad de corregir nuestra tendencia. Por eso observamos que los seres humanos somos imperfectos pero infinitamente perfectibles, y tenemos la «capacidad de convertir no sólo

nuestro alimento, sino también nuestras esperanzas, en energía vital» (Cousins 1983). Cuando los teólogos señalan la idea de que los humanos han sido creados a imagen y semejanza de Dios, se refieren al concepto de que una persona es como una semilla: completa. Como semilla, cada persona es completa, pero no está completada, y posee en germen toda capacidad concebible: pensar racionalmente, exteriorizar sentimientos, hacer sacrificios, amar, tomar decisiones éticas, reconocer la verdad y la valía, crear, embellecer, ser amable, ser paciente y ser firme.

3. *Sus aportaciones pasadas.* Si alguien ha contribuido alguna vez al bienestar de los demás o de sí mismo –de algún modo, sea grande o pequeño–, entonces esa persona no carece de valía.

4. *La artesanía del cuerpo.* Aunque sea una cosa externa, el cuerpo es una buena metáfora del yo interno. Una serie de influencias de la cultura actual tienden a «cosificar» el cuerpo. Los medios glorifican el uso de los demás como objetos de placer. Muchas personas han sido objeto de abusos sexuales o físicos. Cuando se maltrata un cuerpo, una persona puede llegar a considerar el cuerpo como algo aversivo. El mayor peligro es que la persona acabe por devaluar su yo interno. Por otro lado, considerar con respeto las maravillosas complejidades del cuerpo puede ayudar a una persona a apreciar el valor de su yo interno. (Volveremos a esta importante idea en los capítulos 15 y 16.)

A veces, la gente pregunta: «¿Qué ocurre si soy feo o tengo una discapacidad? ¿Cómo puedo sentir que soy valioso?». Yo les reto a que finjan que están parcial o totalmente paralizados, y que encuentren procedimientos mediante los que podrían afirmar y experimentar su valía. Las respuestas suelen ser esclarecedoras.

- Podría transmitir amor con mis ojos.

- Podría aprender a permitir que la gente me ayude, y a disfrutar de su ayuda.

- Podría cambiar mis pensamientos; podría aprender a definirme como algo más que mi cuerpo.

- Podría demostrar mi voluntad (por ejemplo, valorando lo que veo, intentando mover incluso un dedo, mejorando mi mente).

Volvemos una y otra vez a los conceptos subyacentes. La valía ya se encuentra ahí. Existe, independientemente de que estemos durmiendo o haciendo algo. El yo interno es algo más que el comportamiento, la posición o cualquier otra cosa externa. El reto consiste en experimentar y disfrutar de esa valía fundamental.

La valía no es algo comparativo ni competitivo, como lo demuestra la experiencia de este padre (Durrant 1980):

Tres de mis hijos se columpiaban en un parque y dos de ellos habían aprendido a darse impulso a sí mismos. Siempre es un día feliz para un padre cuando sus hijos aprenden a darse impulso. Dos de ellos se elevaban muy alto, y Devon decía: «Estoy a la altura de Katherine», y Katherine me miró y dijo: «Estoy a la altura de Devon», ya que se daban impulso simultáneamente. La pequeña Marinda se encontraba entre los dos y apenas se movía gracias a la brisa que soplaba. Y la pequeña Marinda, al oírles decir que se mantenían a la misma altura dijo: «Yo estoy a la altura de mí misma».

Incluso a una edad muy temprana, un niño puede entender la idea de valor intrínseco que no es comparativa o competitiva, y saldrá beneficiado con ello.

Reflexiones sobre la valía humana incondicional y equitativa

Por favor, piensa en las reflexiones sobre el valor humano que ofrecemos a continuación. Cuando termines, estarás listo para comenzar las actividades de desarrollo de la valía humana que se encuentran en los capítulos 5 a 9.

Somos los habitantes iguales de un paraíso de individuos en el que todos tienen derecho a ser comprendidos.

—Richard Rorty

Afirmamos que estas verdades son autoevidentes, que todos los hombres son creados iguales, que han sido dotados por su Creador de ciertos derechos inalienables, que entre ellos se encuentran la Vida, la Libertad y la búsqueda de la Felicidad.

—Declaración de Independencia

Todos somos básicamente los mismos seres humanos que buscamos la felicidad y tratamos de evitar el sufrimiento.
Todo el mundo forma parte de mi grupo de pares.
Tu sentimiento que te dice «no valgo nada» está equivocado. Totalmente equivocado.

—Dalái Lama

Eres tan bueno como cualquiera.

—Dicho a Martin Luther King por su padre

Eres tan bueno como cualquiera, pero no eres mejor que nadie, y no lo olvides.

—Dicho al legendario entrenador John Wooden por su padre

Todos los hombres son iguales cuando duermen.

—Aristóteles

Estamos hechos a imagen de Dios, un Dios bueno, un Dios de belleza… Dios consideró que su creación era buena.

—Rebecca Manley Pippert

Necesitamos vernos como milagros fundamentales.

—Virginia Satir

Los hombres pueden ser humanos, con sus debilidades humanas, y aun así ser grandes.

—Stephen L. Richards

Los héroes no necesitamos chaquetas universitarias que nos permitan destacar. Sabemos quiénes somos.

—Evel Knievel

Dejar que las circunstancias, o que otros, determinen tu valía les concede un control y un poder inapropiados.

—Anónimo

Cuando nuestra valía como seres humanos depende de lo que hacemos con nuestras manos y nuestras mentes, somos víctimas de la táctica del miedo de nuestro mundo. Cuando la productividad es nuestra principal forma de superar nuestras dudas hacia nosotros mismos, somos extremadamente vulnerables al rechazo y a las críticas, y propensos a la ansiedad y la depresión.

—Henri J. M. Nouwen

Todos los estereotipos que has oído sobre los bebés son ciertos, me parece a mí. Son suaves y cálidos, fascinantes, hermosos y adorables. Nunca conocí a ninguno que no lo fuera, y eso también es bueno, porque si los bebés no fueran tan hermosos y adorables tal vez no nos conformaríamos con soportar el hecho de que sean tan exigentes y den tantos problemas.

Los bebés son puro potencial. Coges a un bebé y te asombra cómo es la luz, pero también sientes que estás sujetando el futuro, la tierra y el cielo, el sol y la luna; y todo ello, todo absolutamente, es nuevo para ti.

Los bebés también nos ayudan a poner el mundo cambiante en perspectiva. Cambiar el mundo tiene que esperar cuando es la hora de cambiar los pañales del bebé.

—Charles Osgood

CAPÍTULO 5

Reconocer y reemplazar
los pensamientos de autodefensa

Aunque todos los seres humanos son infinitamente valiosos, no todos tienen necesariamente un sentido de su propia valía. Una de las razones es que los esquemas de pensamiento negativos y deprimentes pueden erosionar nuestro sentido de la valía. Ten en cuenta que no estamos diciendo que el valor esté erosionado, sino sólo la propia capacidad de experimentarlo.

Considera esta situación. El jefe frunce el ceño cuando pasa junto a John y Bill, en el pasillo. Juan comienza a deprimirse al pensar: *¡Oh, no! Está enfadado conmigo.* Bill sólo se preocupa, pero no se altera, al pensar que «el jefe seguramente tenga otro problema con los directivos». ¿Cuál es la diferencia entre los dos? No el hecho, sino la forma en que John y Bill pensaron sobre el hecho.

Una rama de la psicología llamada *terapia cognitiva* ha identificado los esquemas de pensamiento específicos que acaban con la autoestima y causan depresión. Estos patrones de pensamiento se aprenden. Pueden desaprenderse. La terapia cognitiva constituye un procedimiento eficaz y directo para eliminar estos pensamientos autodestructivos y reemplazarlos por pensamientos más razonables. El modelo, desarrollado por el psicólogo Albert Ellis, es simple:

A representa el evento *activador* (o perturbador). B es la *creencia* (o pensamientos automáticos) que nos decimos sobre A. C representa las *consecuencias* emocionales (o sentimientos, como la ausencia de valía o la depresión). La mayoría de la gente piensa que A causa C. En realidad es B, nuestra charla con nosotros mismos, el factor con más influencia.

Pensamientos automáticos y distorsiones

Siempre que tiene lugar un evento perturbador, hay pensamientos automáticos, o PA, que pasan por nuestra mente. Aunque todos somos capaces de pensar de forma razonable sobre acontecimientos que nos alteran, a veces nuestros pensamientos automáticos se distorsionan, o se hacen irracionalmente negativos. Los PA distorsionados tienen lugar tan rápidamente que apenas nos damos cuenta, y mucho menos nos paramos a cuestionarlos. Sin embargo, estos PA afectan profundamente a nuestro estado de ánimo y nuestro sentido de la valía. En esta sección aprenderás a captar estas distorsiones, desafiar su lógica y reemplazarlas por pensamientos más cercanos a la realidad, en lugar de pensamientos deprimentes.

Las distorsiones incluyen sólo trece categorías. Apréndelas bien. Su uso será una herramienta muy potente para desarrollar la autoestima.

Suposiciones

En algunas circunstancias suponemos lo peor sin verificar las pruebas. Por ejemplo, en el ejemplo anterior, John supuso que el ceño fruncido del jefe significaba que estaba enfadado con él. John podría haber comprobado esta suposición simplemente preguntando: «Jefe, ¿está usted enfadado conmigo?».

Otros ejemplos de diálogo interno con suposiciones son: «Sé que no me divertiré» o «Sé que haré un trabajo pésimo, aunque esté preparado». Unos diálogos internos más razonables serían algo así: «Tal vez disfrute o tal vez no (haré un buen trabajo, etc.). Estoy dispuesto a experimentar y ver qué ocurre».

Deberes (obligaciones y consejos)

Los «deberes» (que incluyen las obligaciones y los consejos) son cosas que nos exigimos a nosotros mismos. Por ejemplo, «Debería ser un amante perfecto»; «No debo cometer errores»; «Debería haberlo hecho mejor»; o «Debería ser feliz y nunca estar deprimido ni cansado». Creemos que nos motivamos con ese tipo de declaraciones. Sin embargo, normalmente nos sentimos peor (por ejemplo, puesto que yo *debería* ser tal y cual cosa, y no soy así, entonces me siento poco idóneo, frustrado, avergonzado y sin esperanza).

Tal vez uno de los únicos «deberes» razonables sea que los seres humanos *deberían* ser imperfectos, tal como somos partiendo de nuestros antecedentes, nuestro entendimiento imperfecto y nuestras capacidades actuales. Si *realmente* supiéramos más (es decir, si entendiésemos con claridad las ventajas de ciertos comportamientos, y fuésemos perfectamente capaces de comportarnos de esa manera), entonces *seríamos* mejores. Por tanto, una solución a esta forma de pensar es reemplazar los «debería» por «sería» o «podría» *(Estaría* bien poder hacer eso. Me pregunto cómo *podría* conseguirlo). O bien reemplazar «debería» por «quiero» *(Quiero* hacerlo porque es beneficioso para mí, no porque alguien me diga que *debería* o que *tengo que* lograrlo).

Fantasía de cuento de hadas

Una fantasía de cuento de hadas conlleva lograr un ideal de vida. Esto es en realidad un tipo especial de «debería». «¡Eso no es justo!» o «¿Por qué tuvo que suceder eso?» a menudo significa «El mundo no debería ser como es». En realidad, suceden cosas malas e injustas a las buenas personas, a veces por azar, a veces por la irracionalidad de otras personas, y en otras ocasiones debido a nuestras propias imperfecciones. Esperar que el mundo sea diferente conlleva invitar a la decepción. Esperar que otros nos traten con justicia, cuando a menudo tienen sus propias ideas sobre lo que es justo, implica invitar a la decepción. Una vez más, un «sería» o «podría» es un sabio sustituto de un «debería». *(Sería* bueno que las cosas fuesen ideales, pero no lo son. Una pena. Ahora me pregunto qué *podría* hacer para mejorar las cosas).

Pensamientos de todo o nada

Con los pensamientos de todo o nada nos aferramos a un estándar imposible de perfección (o a algo similar). Cuando no llegamos a alcanzar el nivel, llegamos a la conclusión de que somos un fracaso total como personas. Por ejemplo, «Si no soy el mejor, soy un fiasco»; «Si no rindo perfectamente, soy un perdedor»; «Si puntúo por debajo del 90 por 100, soy un fracasado»; «Un pequeño fallo conlleva que soy completamente malo». Este tipo de pensamiento es irracional porque esos extremos absolutos, de blanco o negro, rara vez existen. Aunque fuese posible actuar perfectamente (no lo es), rendir por debajo de cierto nivel suele significar que hemos rendido al 80 o 35 por 100, en muy pocas ocasiones al 0 por 100. Y un mal *rendimiento* nunca hace que una *persona* compleja carezca de valor, sino que sólo implica que no es perfecta. Pregúntate: «¿Por qué tengo que ser perfecto?».

Sobregeneralizar

Sobregeneralizar consiste en decidir que las experiencias negativas describen nuestra vida por completo. Por ejemplo, «Yo *siempre* lo estropeo *todo*»; «*Siempre* me rechazan en el amor»; «*Nadie* me quiere»; «*Todo el mundo* me odia»; «*Nunca* soy bueno en matemáticas». Ese tipo de afirmaciones globales son poco amables, deprimentes y normalmente inexactas hasta cierto punto. El antídoto consiste en usar un lenguaje más preciso: «*Algunas* de mis habilidades *aún* no están bien desarrolladas»; «No tengo tanto tacto en *algunas* situaciones sociales como me gustaría tener»; «*A veces* la gente no me aprueba, pero *otras veces algunas* personas sí lo hacen»; «Aunque *algunos* aspectos de mi vida no han ido bien, eso no quiere decir que no lo haga nunca razonablemente bien». Sé un optimista saludable: espera encontrar pequeñas formas de mejorar las situaciones y observa lo que funciona bien.

Etiquetado

A veces podemos ponernos una etiqueta o un nombre, como si una simple palabra describiera a una persona por completo. Por ejemplo, «Soy un perdedor»; «Soy estúpido»; «Soy tonto»; «Soy aburrido». Decir «Soy estúpido» significa que *siempre*, en todos los sentidos, soy estúpido. De hecho, algunas personas que a veces se comportan muy estúpidamente también se comportan con bastante inteligencia en otras ocasiones. Puesto que los seres humanos somos demasiado complejos para unas etiquetas tan simples, hay que limitar las etiquetas para las conductas (por ejemplo, «Fue una tontería hacer eso»), o bien preguntar: «¿Soy siempre estúpido?». Algunas veces tal vez, pero no siempre.

Dar vueltas a las cosas negativas

Supongamos que vas a una fiesta y notas que un invitado tiene un excremento de perro en el zapato. Cuanto más lo pienses, más incómodo te sentirás. Cuando experimentas esta distorsión, te concentras en los aspectos negativos de la situación e ignoras los aspectos positivos. Muy pronto toda la situación parece ser negativa. Otros ejemplos son: «¿Cómo puedo sentirme bien todo el día, ahora que he recibido una crítica?». «¿Cómo puedo disfrutar de la vida cuando mis hijos tienen problemas?». «¿Cómo puedo sentirme bien conmigo mismo cuando cometo errores?». «El filete se ha quemado, la comida se ha echado a perder». Una solución a este hábito consiste en reexaminar nuestras opciones: «¿Disfrutaría las cosas más y me sentiría mejor conmigo mismo si mi perspectiva fuese distinta?». «¿Qué cosas agradables aún podría descubrir que disfruto?». «¿Qué pensaría durante un buen día?». «¿Cómo vería esta situación alguien con una buena autoestima?».

Rechazar lo positivo

La distorsión que consiste en *dar vueltas a lo negativo pasa por alto* los aspectos positivos. Sin embargo, cuando rechazamos lo positivo, en realidad *negamos* lo positivo y nuestra autoestima sigue estando baja. Por ejemplo, digamos que alguien elogia tu trabajo. Le respondes: «Bueno, en realidad no fue nada. Cualquier persona podría hacerlo». Al decir esto, omites el hecho de que has trabajado eficazmente durante mucho tiempo. No es de extrañar que los logros no sean divertidos. Podrías haber respondido con la misma facilidad, «Gracias», y decirte: «Merezco una felicitación especial por hacer esta tarea tan difícil y aburrida». Felicitarías a un ser querido o amigo cuando lo mereciese. ¿Por qué no hacerte el mismo favor?

Comparaciones desfavorables

Supongamos que tuvieras una extraña lupa que agrandase algunas cosas (como por ejemplo los defectos y los errores, o los puntos fuertes de otros) y que minimizase otras (como por ejemplo tus puntos fuertes y los errores de otros). En comparación con los demás, siempre pareces ser poco idóneo o inferior, alguien a quien siempre le toca lo peor.

Por ejemplo, dices a una amiga: «Yo soy sólo ama de casa y madre» (minimizar los puntos fuertes). «Jan es una abogada rica y brillante» (agrandar los puntos fuertes de otro). Tu amiga responde: «Pero eres una excelente ama de casa. Has sido muy buena con tus hijos. Jan es una alcohólica». A lo cual respondes: «Sí, pero mira los casos que ha ganado» (minimiza los defectos de otros y tus propios logros). «Ella sí que aporta algo realmente importante» (agrandar los puntos fuertes de otro).

Una forma de cuestionar esta distorsión consiste en preguntar: «¿Por qué tengo que compararme? ¿Por qué no puedo simplemente valorar que cada persona tiene sus propios puntos fuertes y débiles?». Los aportes de otros no son necesariamente mejores, sino simplemente diferentes.

Ponerse en lo peor

¡Cuando crees que algo es una catástrofe, te dices a ti mismo que es tan horrible y desagradable que no podrás *soportarlo*! Al decirnos cosas como ésta (o, por ejemplo, «¡No podría soportarlo si me dejara, sería horrible!»), nos convencemos de que somos demasiado débiles para afrontar la vida. Aunque muchas cosas sean desagradables, incómodas y complicadas, en realidad podemos soportar cualquier cosa excepto las que conducen a la muerte, como decía el doctor Albert Ellis. En su lugar, podríamos pensar que *no me gusta esto, pero sin duda puedo soportarlo*.

Hacerse las siguientes preguntas pondrá en cuestión la creencia de que algo será una catástrofe.

• ¿Cuáles son las probabilidades de que esto suceda?

- Si ocurre esto, ¿cuál es la probabilidad de que me afecte?

- Si sucede lo peor, ¿qué haré? (anticipar un problema y formular un plan de acción incrementa nuestra propia confianza).

- Dentro de cien años, ¿le importará a alguien esto?

Personalizar

Personalizar es verse a sí mismo más involucrado en los eventos negativos de lo que realmente estamos. Por ejemplo, un estudiante abandona la universidad y la madre concluye que todo es culpa de ella. El marido asume toda la responsabilidad de la fatiga o el enfado de su mujer, o de un divorcio. En estos ejemplos, el ego se involucra tanto que cualquier evento se convierte en una prueba de valía. Hay dos antídotos útiles contra esta distorsión:

1. Distinguir las *influencias* de las *causas.* A veces podemos influir en las decisiones de los demás, pero la decisión final es de ellos, no nuestra.

2. Contemplar con realismo las influencias externas. Por ejemplo, en lugar de pensar: *¿qué me ocurre? ¿Por qué no puedo hacer esto?*, podríamos decir: «Se trata de una tarea difícil. La ayuda que necesito no está aquí, es difícil y estoy cansado». En lugar de pensar: *¿por qué la toma conmigo?*, podríamos decir: «Tal vez yo no sea el personaje central. Puede que hoy esté enfadado con todo el mundo».

Echar la culpa

Echar la culpa es lo contrario de personalizar. Mientras que personalizando nos hacemos totalmente responsables de nuestros problemas, echando la culpa lo expulsamos todo hacia el exterior de nosotros mismos. Considera los siguientes ejemplos:

- ¡Me vuelve tan loco!

- Ella ha arruinado mi vida y mi autoestima.

- Yo soy un perdedor debido a mi difícil infancia.

El problema de echar la culpa, al igual que ponerse en lo peor, es que tiende a hacernos pensar en nosotros mismos como víctimas indefensas que son demasiado impotentes para resistir. El antídoto a echar la culpa consiste en reconocer las influencias externas, pero también asumir la responsabilidad respecto de nuestro propio bienestar: «Sí, su comportamiento fue inadecuado e injusto, pero yo no tengo por qué convertirme en un amargado y un cínico. Soy mucho mejor que eso».

Observa que la persona con autoestima es libre de asumir responsabilidades realistas. Reconocerá de qué *es* responsable y de qué *no*. Sin embargo, cuando alguien asume la responsabilidad, se debe a un comportamiento o una decisión, no por ser internamente malo. Por tanto, podríamos decir: «He hecho mal ese examen porque no estudié lo suficiente. La próxima vez voy a planteármelo mejor». No hay que juzgar el yo interno, sino sólo los comportamientos.

Convertir los sentimientos en hechos

Convertir los sentimientos en hechos es tomar nuestros sentimientos como prueba de cómo son realmente las cosas. Considera estos ejemplos de pensamiento distorsionado:

- Me siento como un perdedor. Tengo que sentirme desesperado.

- Me siento avergonzado y mal. Debo de ser malo.

- Me siento una persona inadecuada. Debo de ser una persona inadecuada.

- Me siento un inútil. Debo de ser un inútil.

Recuerda que los sentimientos surgen de nuestros pensamientos. Si nuestros pensamientos están distorsionados (como suele ocurrir cuando estamos estresados o deprimidos), nuestros sentimientos tal vez no reflejen la realidad. Así que tenemos que poner en cuestión nuestros sentimientos. Pregunta: «¿Cómo sería alguien inadecuado al 100 por 100 (o bien malo, culpable o sin esperanza)? ¿Soy yo realmente así?». Esta pregunta supone un reto para nuestras tendencias a etiquetar o para el pensamiento de todo o nada. Recuerda que los sentimientos no son hechos. Cuando nuestros pensamientos se vuelven más razonables, nuestros sentimientos son más brillantes.

Registro diario de los pensamientos

Ahora que ya conoces las distorsiones, el siguiente paso es usar este conocimiento para ayudarte con tu autoestima. Cuando estamos estresados o deprimidos, los pensamientos y sentimientos pueden dar vueltas sin cesar en nuestras mentes y parecer abrumadores. Reflejarlos sobre el papel nos ayuda a resolverlo todo y a ver las cosas con más claridad. El registro diario de los pensamientos (en las páginas siguientes) conlleva unos quince minutos cada día. Es recomendable hacerlo después de sentirse molesto por algo. O se puede hacer más tarde, ese mismo día, cuando las cosas se calmen. Así es cómo funciona.

Los hechos

En la parte superior del registro, describe brevemente un acontecimiento molesto y los sentimientos resultantes (como sentirse triste, ansioso, culpable, frustrado). Evalúa la intensidad de estos sentimientos (1 significa que no son nada desagradables y 10 significa que son extremadamente desagradables). Recuerda que entrar en contacto con sentimientos inquietantes es una manera de evitar que nos controlen.

Análisis de tus pensamientos

En la primera columna («Respuestas iniciales») de la sección «Análisis de tus pensamientos», enumera tus pensamientos automáticos. A continuación, califica en qué medida crees en cada uno: 1 significa que no es creíble en absoluto y 10 significa totalmente creíble.

En la segunda columna, identifica las distorsiones (algunos PA pueden ser racionales) en «Falacias ideadas».

En la tercera columna, «Respuestas razonables», trata de responder, o de dar una réplica, a cada PA distorsionado. Debes ser consciente de que tu primer PA es sólo una de las diversas opciones posibles. Trata de imaginar lo que le dirías a un amigo que habló sobre lo que hiciste, o trata de imaginarte a ti mismo, un día bueno, diciendo algo más razonable. Pregúntate: «¿Cuáles son las pruebas de la respuesta razonable?». Después califica en qué grado crees en cada respuesta.

Resultados

Después de todo esto, vuelve a la columna de «Respuestas iniciales» y evalúa otra vez tus PA. Luego, en la parte superior, evalúa de nuevo la intensidad de tus emociones. Si el proceso conduce incluso a una ligera disminución de tus sentimientos de malestar, date por satisfecho. Aun con este proceso, los acontecimientos perturbadores probablemente seguirán molestando, pero no serán tan inquietantes.

Recuerda que debes anotar tus pensamientos en un papel. Son demasiado complejos para trabajarlos en tu cabeza. Sé paciente contigo mismo. Normalmente se tardan unas semanas en llegar a ser bueno en esta habilidad.

Cada día, durante las dos próximas semanas, selecciona un evento perturbador y elabora un registro diario de tus pensamientos. Al cabo de las dos semanas, prosigue con la siguiente sección, «Llegar al fondo de las cosas».

Registro diario de pensamientos

Fecha: _____

Los hechos

Evento (Describe el evento que «te hace» sentir mal o incómodo)	Impacto del evento (Describe las emociones que sentiste)	Intensidad (Evalúa la intensidad de estas emociones, de 1 a 10)

Análisis de tus pensamientos

Respuestas iniciales (Describe los PA o diálogo interno. Después evalúa cómo son de creíbles, del 1 al 10)		Falacias ideadas (Descubre y etiqueta las distorsiones)	Respuestas razonables (¡Ofrece una réplica! Convierte las distorsiones en pensamientos más razonables. Evalúa en qué grado crees en ellos, de 1 a 10)	
	Puntuaciones			Puntuaciones

Resultados

Basándote en el análisis de tu pensamiento, vuelve a evaluar en qué grado crees en tus respuestas iniciales. Después vuelve a evaluar la intensidad de tus emociones.

A continuación, un ejemplo de un registro diario de pensamientos simplificado.

Evento	Impacto	Intensidad
Bill y yo hemos roto	Depresión	9 ➡ 6
	Falta de valía	8 ➡ 5

Análisis

Pensamientos automáticos	Puntuaciones	Distorsiones	Respuestas razonables	Puntuaciones
Es culpa mía.	8 ➡ 5	Ausencia de valía. Personalizar.	Ambos cometimos errores, aunque lo hicimos lo mejor que pudimos	8
Me siento rechazado. No valgo nada.	9 ➡ 8	Convertir sentimientos en hechos. Poner etiquetas.	Mientras alguna vez pueda marcar una diferencia en alguien (yo incluido), no carezco de valía.	7
Él me odia.	7 ➡ 3	Suposiciones.	Simplemente puede que piense que no estoy hecho para él.	9
Nunca encontraré nadie tan apropiado.	10 ➡ 8	Suposiciones.	No lo sé. Es posible que sea capaz de encontrar a alguien que me acepte y que por tanto sea más adecuado.	7
Sin él nada será divertido.	10 ➡ 5	Suposiciones.	No sabré esto a menos que lo compruebe. Seguramente haya cosas que pueda disfrutar sola o con otras personas.	7
Ese tipo ha arruinado mi vida.	9 ➡ 5	Echar la culpa.	Nadie, excepto yo, puede arruinar mi vida. Me recuperaré y encontraré formas de divertirme.	9

A continuación, un registro diario de pensamientos en blanco para practicar o para utilizar.

Registro diario de pensamientos

Fecha: _____

Los hechos

Evento (Describe el evento que «te hace» sentir mal o incómodo)	Impacto del evento (Describe las emociones que sentiste)	Intensidad (Evalúa la intensidad de estas emociones, de 1 a 10)

Análisis de tus pensamientos

Respuestas iniciales (Describe los PA o diálogo interno. Después evalúa cómo son de creíbles, del 1 al 10)		Falacias ideadas (Descubre y etiqueta las distorsiones)	Respuestas razonables (¡Ofrece una réplica! Convierte las distorsiones en pensamientos más razonables. Evalúa en qué grado crees en ellos, de 1 a 10)	
	Puntuaciones			Puntuaciones

Resultados

Basándote en el análisis de tu pensamiento, vuelve a evaluar en qué grado crees en tus respuestas iniciales. Después vuelve a evaluar la intensidad de tus emociones.

Llegar al fondo de las cosas:
La técnica de preguntas y respuestas

Hasta ahora has aprendido a usar el registro diario de pensamientos para identificar y reemplazar los PA distorsionados. Aunque su reemplazo puede fortalecer la autoestima, el desarraigo de las creencias básicas proporcionará un crecimiento aún mayor. Las creencias fundamentales son creencias profundamente arraigadas. Debido a que suelen aprenderse en una etapa temprana de la vida, rara vez se cuestionan. Descubrimos las creencias fundamentales comenzando con un PA y usando la técnica de preguntas y respuestas. Mediante este enfoque, coges un PA y haces las siguientes preguntas, repitiendo la última hasta llegar a la creencia principal (la última pregunta normalmente revelará la creencia central):

¿Qué significa esto para mí?

Suponiendo que eso sea verdad, ¿por qué es tan malo? (o ¿por qué sería tan malo?)

¿Qué dice eso sobre mí?

Por ejemplo, en un registro diario de pensamientos, Jane expresó un sentimiento de impotencia y de inutilidad porque su hija se negó a limpiar su habitación. Jane decidió aplicar la técnica de preguntas y respuestas al PA «la habitación es un desastre». El proceso fue algo así:

Pensamiento automático: La habitación es un desastre.

Pregunta: ¿Qué significa eso para mí?

Respuesta: ¡Eres una desordenada!

Pregunta: Suponiendo que sea verdad, ¿por qué iba a ser tan malo?

Respuesta: Mis amigos vendrán y verán tu habitación desordenada.

Pregunta: ¿Por qué eso puede ser tan malo?

Respuesta: Pensarán que soy una madre poco apropiada.

Pregunta: ¿Qué dice eso sobre mí?

Respuesta: No tengo valía si mis amigos no me aprueban = *¡creencia fundamental!*

Al llegar a esta creencia fundamental, ella supuso que todas las respuestas del diálogo eran verdaderas. Ahora vuelve atrás y busca distorsiones entre tus respuestas, respondiendo razonablemente en cada paso. A continuación se muestra cómo se ve todo el proceso utilizando las tres columnas del registro diario de pensamientos. Las «P» indican las preguntas, que no necesitan escribirse.

Respuestas iniciales (PA)	Distorsiones	Respuestas razonables
Esta habitación es un desastre. P Ella es una desordenada. P Mis amigos vendrán y verán su habitación desordenada. P Creerán que soy una madre poco apropiada. P No tengo valía si mis amigos no me aprueban.	 Poner etiquetas. Suposición. Pensamiento de todo o nada. ¡Creencia fundamental!	 En realidad, ella se preocupa por cosas que le importan, como por ejemplo su aspecto. Aunque lo hagan, muchas personas con valía tienen hijas con habitaciones descuidadas. Podrían simplemente pensar que no soy perfecta, igual que ellos. No tengo que ser perfecta ni contar con la aprobación de todos para ser feliz, o para considerarme una persona valiosa. Estaría bien encontrarme más allá de cualquier reproche. Pero, puesto que nadie es perfecto, de todas formas es mejor decidir que soy una persona valiosa.

Creencias fundamentales muy comunes

Las investigaciones han descubierto que una serie de creencias fundamentales, identificadas por el psicólogo Albert Ellis, están constantemente vinculadas a la autoaversión y la depresión. Esto merece una mención especial, junto con sus reemplazos racionales (Bourne 1992).

1. **Creencia fundamental:** *Todo el mundo que considero importante debe amarme o aprobarme.*

   Respuesta racional: Quiero que la mayoría de la gente me ame o me apruebe, y trataré de actuar de una forma respetuosa para que lo hagan. Pero es inevitable que algunas personas, por sus propias razones, no me quieran o no me acepten. Esto no supone una catástrofe; mi autoestima no puede depender de los caprichos de los demás.

2. **Creencia fundamental:** *Debo ser completamente competente e idóneo en todo lo que hago. No debo estar satisfecho conmigo mismo a menos que sea el mejor o que destaque.*

   Respuesta racional: Me esforzaré por hacer todo lo que pueda para ser lo mejor posible. Puedo disfrutar haciendo cosas, aunque no sea especialmente bueno en ellas. No tengo miedo a probar cosas en las que podría fallar; no soy perfecto, y fracasar no significa que sea una mala persona. Por el contrario, asumir riesgos es prueba de valor y una necesidad si quiero crecer y experimentar las oportunidades de la vida.

3. **Creencia fundamental:** *Si algo puede ser peligroso o susceptible de temerse, debo preocuparme tremendamente por ello y mantenerme alerta en caso de que suceda.*

   Respuesta racional: Probablemente sea interesante afrontar esto y hacerlo menos peligroso. Si es imposible, al menos dejaré de pensar en ello y de tener miedo. Que me preocupe no impedirá que suceda. Aunque suceda, puedo hacerle frente.

4. **Creencia fundamental:** *Es más fácil evitar que afrontar las dificultades y las responsabilidades de la vida.*

   Respuesta racional: Haré esas cosas necesarias, independientemente de lo mucho que me desagraden. Descansar y evitar suelen ser momentos legítimos de una vida plena, pero son contraproducentes si ocupan la mayor parte de la vida.

Hay que tener en cuenta que las dos últimas creencias son extremos opuestos a la hora de tratar las preocupaciones. La investigación demuestra que esos extremos suelen ser autodestructivos. Es decir, obsesionarse con las preocupaciones, y negarlas o evitarlas, tiende a tener consecuencias negativas. Como regla general, la perspectiva del punto medio sobre la preocupación *eficiente* genera las consecuencias más saludables: concentrarse en las preocupaciones durante un tiempo limitado, con un enfoque para solucionar los problemas. Durante parte del día (algunas investigaciones sugieren unos treinta minutos), recopila datos, considera alternativas, reconoce tus sentimientos y escribe o habla sobre las cosas que te preocupan. Emprende las acciones adecuadas y después permítete cambiar la perspectiva hacia la belleza de la vida.

Examinar las creencias fundamentales improductivas

A continuación hay una lista de creencias fundamentales muy comunes pero improductivas. A modo de ejercicio, rodea con un círculo las que tengas. Después, trata de ponerlas en cuestión. Podrías examinar las respuestas racionales con un amigo a quien respetes o con un profesional de la salud mental.

1. Está mal pensar bien de mí mismo.

2. No puedo ser feliz a menos que se cumplan ciertas condiciones, como el éxito, el dinero, el amor, la aprobación o unos logros perfectos.

3. No puedo sentirme valioso a no ser que cumpla ciertas condiciones.

4. Tengo derecho a la felicidad (o al éxito, la salud, el respeto por mí mismo, el placer, el amor) sin tener que trabajar para ello.

5. Un día, cuando triunfe, tendré amigos y podré divertirme.

6. El trabajo debe ser duro y de algún modo desagradable.

7. La alegría *sólo* se consigue mediante el trabajo duro.

8. Soy una persona poco idónea.

9. El hecho de preocuparme garantiza que estaré preparado para afrontar y resolver problemas. Por ello, cuanto más me preocupe, mejor será. La preocupación constante ayuda a prevenir los errores y problemas futuros, y me ofrece una sensación de control adicional.

10. La vida debería ser fácil. No puedo disfrutarla si hay problemas.

11. El pasado me impide ser feliz. No veo forma de evitarlo.

12. Hay una solución perfecta y debo encontrarla.

13. Si las personas me desaprueban (rechazan, critican, maltratan), eso significa que soy inferior, inadecuado o malo.

14. Sólo soy tan bueno como el trabajo que hago. Si no soy productivo, no soy bueno.

15. Si lo intento lo suficiente, gustaré a todo el mundo.

16. Si lo intento lo suficiente, mi futuro será feliz y libre de problemas.

17. La vida debe ser justa.

Observa cómo muchas de estas creencias fundamentales influyen directamente en la autoestima. Observa cuántas de estas creencias fundamentales hacen que una condición externa sea un requisito de la valía o la felicidad. Durante una semana, utiliza la técnica de preguntas y respuestas una vez al día, a fin de descubrir tus creencias fundamentales. Utiliza los pensamientos automáticos distorsionados que descubriste en registros de pensamiento diarios anteriormente completados o recientemente completados.

CAPÍTULO 6

Reconocer la realidad
«¡No obstante!»

Ahora que has adquirido la habilidad de reconocer y reemplazar los pensamientos autodestructivos, estás listo para una destreza que se encuentra entre las favoritas por parte de los estudiantes de autoestima. El atractivo de esta habilidad es que ayuda a reconocer la realidad y aun así sentirse bien con el interior de uno mismo.

En primer lugar, revisemos algunos puntos clave:

1. Sentirse mal por eventos, comportamientos, resultados u otros factores externos puede ser apropiado (como en la culpa o decepción adecuadas). Esto es distinto de la tendencia malsana a sentirse mal con el yo interno (anteriormente descrito como vergüenza).

2. Decir «Aún no soy idóneo para el trabajo» es muy diferente de «No soy bueno *como persona*». Sentirse mal por fracasar es muy distinto de pensar que «Soy un completo fracaso» en mi interior.

3. Está bien juzgar tus comportamientos y habilidades, pero no tu yo interno y esencial.

Actividad de desarrollo de habilidades

Tenemos que reconocer las condiciones externas desagradables sin condenar el yo interno. Las personas a las que no les gusta su propio yo tienden a usar pensamientos consistentes en como… entonces. Por ejemplo, «como (alguna condición externa), entonces no soy bueno como persona». Obviamente, este pensamiento afectará a la autoestima o impedirá que se desarrolle. Así que debemos evitar los pensamientos como… entonces.

La habilidad *no obstante* (Howard 1992) ofrece una respuesta realista, optimista e inmediata a los factores externos desagradables, una respuesta que refuerza nuestro propio sentido de la valía separando ésta de los factores externos. Por tanto, en lugar de tener un pensamiento *como… entonces,* generamos una afirmación *aunque… no obstante.* Es algo como esto:

Aunque _____ , *no obstante* _____

                    (algo externo)   (alguna afirmación de valor)

Por ejemplo:
Aunque fracasé en ese proyecto, *no obstante*, sigo siendo una persona con valía.

Otras declaraciones con *no obstante* (que pueden seguir a una declaración con *aunque*) son:

- No obstante, sigo valiendo mucho.

- No obstante, sigo siendo una persona importante y valiosa.

- No obstante, mi valor es infinito e inmutable.

Un ejercicio con no obstante

Busca un compañero. Pídele que diga qué cosas negativas le vienen a la mente, ya sean verdaderas o falsas, tales como:

- ¡Lo estropeaste de verdad!

- ¡Tienes una nariz rara!

- ¡Balbuceas cuando hablas!

- ¡Me molestas!

- ¡Eres un imbécil total!

Ante cada crítica, saca a relucir tu ego y responde con una declaración *aunque… no obstante.* Es probable que desees utilizar algunas de tus habilidades de terapia cognitiva. Por ejemplo, si alguien te llama «estúpido», podrías responder: «Aunque a veces me *comporto* de manera estúpida, no obstante». Al escritor Jack Canfield (1988) le gusta un enfoque parecido, que puede poner en práctica incluso un niño de cinco años: «Independientemente de lo que hagas o digas, sigo siendo una persona valiosa».

Hoja de trabajo de desarrollo de habilidades

1. Para cada uno de los próximos seis días, elige tres acontecimientos o situaciones que tengan el potencial de erosionar la autoestima.

2. En respuesta a cada evento o situación, inventa una declaración *aunque... no obstante*. Lo ideal es intentar usar la sentencia durante el evento o situación. Sin embargo, también es útil practicar esta habilidad después. Para reforzarla, describe brevemente cada evento o situación en la segunda columna, escribe en la tercera columna la declaración *aunque... no obstante* utilizada, y luego describe el efecto que tuvo sobre tus sentimientos.

	Evento/Situación	Declaración usada	Efecto
Día uno/Fecha: 1. 2. 3.			
Día dos/Fecha: 1. 2. 3.			
Día tres/Fecha: 1. 2. 3.			
Día cuatro/Fecha: 1. 2. 3.			
Día cinco/Fecha: 1. 2. 3.			
Día seis/Fecha: 1. 2. 3.			

CAPÍTULO 7

Considerar tu valía fundamental

Piensa en lo que tienes, y no en lo que te falta. De las cosas que tienes, elige las mejores y luego reflexiona con qué impaciencia las habrías buscado si no las tuvieras.
—Marco Aurelio

El objetivo de este capítulo es ayudarte a visualizar tu valía fundamental con precisión. Las personas que carecen de autoestima tienden a definir su valía de forma limitada, ya que están condicionadas por algún rasgo o comportamiento. Como dijimos, cuando no logran demostrar este rasgo o comportamiento, entonces su autoestima se ve amenazada. Por el contrario, las personas con autoestima se sienten seguras con su valía. Se dan cuenta de que muchos rasgos y comportamientos deseables *expresan* su valía y sirven como *recordatorios* suyos. No dejan que los defina un mal rendimiento en un ámbito concreto. A medida que maduran, se dan cuenta de que los humanos se expresan de formas variadas y complejas, y descubren cada vez más procedimientos por los cuales expresar su propia valía.

Patricia Linville (1987), una psicóloga de Yale, descubrió que las personas con una visión intrincada o compleja de su ego también tenían una autoestima más resistente cuando estaban estresadas. Por ejemplo, la persona que se considera a sí misma sólo un jugador de tenis es más probable que se venga abajo por perder un partido de tenis que otra persona que, gracias a la edad y la experiencia, ha llegado a verse a sí misma como un compuesto de muchos rasgos que se expresan a través de diversos roles.

Cada persona es como una semilla de valor infinito: cada individuo tiene, en su forma embrionaria, todos los rasgos necesarios para florecer. Esos rasgos pueden manifestarse de muchas maneras diferentes. Por ejemplo, algunas personas expresan talentos creativos artísticos, otras en los procedimientos con que solucionan problemas o por los que sobreviven y otras por la forma en que ayudan a los demás o demuestran comprensión. En algunas, el talento creativo parece relativamente inactivo, aunque nunca por completo. Sin embargo, cada persona posee alguna forma de creatividad embrionaria. De la misma manera, cada una posee cierta cantidad de todos los atributos deseables, en cierto grado. Incluso un delincuente es honesto *a veces*. Incluso el líder de una banda de atracadores puede ser bastante creativo en su forma de comunicarse o en sus habilidades organizativas (aunque con autoestima, el líder de la banda es más probable que utilice estas habilidades para propósitos constructivos, no destructivos).

Cada persona puede compararse con un retrato en diversas fases relativas a su finalización. En una persona, una zona está bastante avanzada y refleja la luz de forma interesante. En otra, ninguna área destaca por encima del resto, pero varias están algo desarrolladas y forman un patrón único e interesante. Si miramos cada retrato a través de los ojos de un artista, podremos saborear los patrones únicos y las posibilidades de cada ser humano.

En la siguiente actividad reconocerás de manera más realista y honesta la valía de tu ser fundamental, y verás que ahora incluso el yo interno se expresa de formas que te recordarán tu valía.

Actividad de desarrollo de habilidades

Esta actividad consta de tres partes. La parte I enumera una serie de rasgos de personalidad que describen a las personas. La parte II te permite explorar rasgos que son especialmente importantes para ti. La parte III te ayudará a darte cuenta de cómo demuestran tus respuestas tu valía fundamental de modo único.

Parte I: Rasgos de personalidad

Para cada uno de los rasgos de personalidad enumerados, califícate de 0 a 10: 0 significa una ausencia total y absoluta de este rasgo (es decir, no lo demuestras ni en su menor grado), y 10 significa que este rasgo está completamente desarrollado (es decir, lo demuestras todo lo bien que puede un ser humano). Trata de ser lo más justo y preciso posible. No infles ni desinfles tu valoración. No te preocupes si te das una calificación más alta para algunos ítems y más baja para otros. Es algo normal. No estás compitiendo con nadie. Las calificaciones altas no conllevan más valía. Recuerda que la valía es algo ya concedido, y que es igual para todos. En esta actividad sólo serás consciente de los procedimientos por los que actualmente expresas valía. Te beneficiarás si eres objetivo. Evita el pensamiento «todo o nada» y la sobregeneralización.

Rodea con un círculo la calificación apropiada.

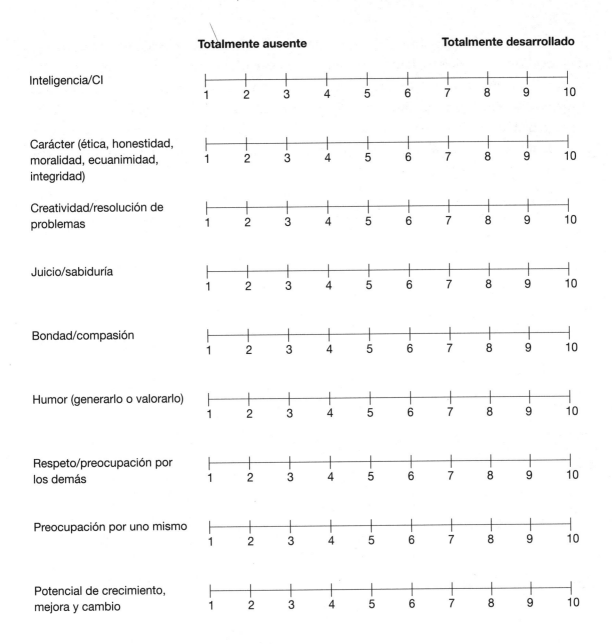

Parte II: Rasgos de personalidad adicionales

En esta parte, enumera cinco rasgos adicionales que describan la forma en que contribuyes a tu propio bienestar o al de otras personas. No será difícil si consideras los numerosos atributos que tienen los seres humanos. Piensa en las «trece virtudes» de Benjamin Franklin (sobriedad, silencio, orden, resolución, frugalidad, tenacidad, sinceridad, justicia, moderación, limpieza, tranquilidad, castidad y humildad) (Tamarin 1969). O piensa en las Leyes del Boy Scout (un scout es fiable, leal), o en otros atributos que poseas (por ejemplo, agradecimiento, sensibilidad, amor, introspección, determinación, disciplina, calidez, valentía, organización, alegría, respeto a la vida y la dignidad humanas, gracia, dulzura y buen criterio). Lo normal no es que tengas estos atributos de modo perfecto, sino en cierta medida. Después valora el grado de desarrollo de estos rasgos, como hiciste en la parte I.

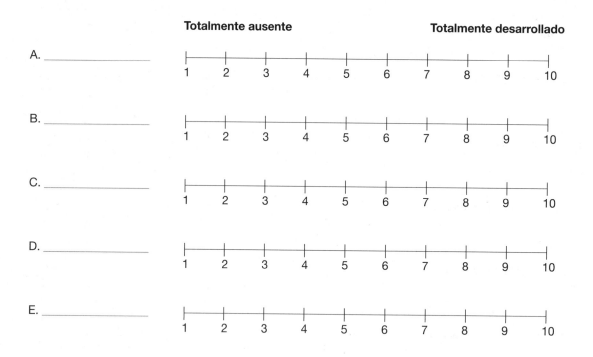

Parte III: Interpretación

Puesto que los seres humanos son tan complejos y diversos, el patrón revelado en este ejercicio es, sin duda, diferente de todos los demás. Seguramente te puntuaste más alto para algunos rasgos y más bajo para otros. Probablemente también notaste la ausencia de ceros o dieces, ya que esos extremos nunca, o pocas veces, existen.

Esta actividad revela un retrato personal complejo y único de los atributos en diversas etapas del desarrollo. Emergiendo de este compuesto hay una conciencia más segura de la valía interna. La idea de las puntuaciones numéricas no consiste en inducir a la comparación con otras personas, sino presentar una imagen de totalidad. La valía interna es como un cuadro clásico: algunos colores son brillantes, otros son mate. Cada uno complementa a los demás. Juntos, los colores forman un todo único.

Entonces, ¿qué ocurre con los rasgos con puntuaciones bajas? Hay al menos dos modos de verlos. Uno es valorarnos tal como haríamos con un hermoso diamante, con sus defectos inevitables. Otra alternativa consiste en considerar que los rasgos con calificaciones más bajas son las áreas con mayor potencial de mejora y aceptar el reto.

Por favor, responde a las siguientes preguntas.

A. Cuando reflexionas sobre tus respuestas a las partes I y II, ¿con qué rasgo(s) te sientes mejor?

_____

_____

B. El (los) rasgo(s) al (a los) que doy más importancia es (son) _____

porque …

_____

_____

C. Consideremos la analogía del yo con un cuadro. Si un observador imparcial tuviese en cuenta todo el retrato, ¿dónde «brillaría más la luz»? En otras palabras, si una persona se tomara algún tiempo en verte tal como realmente eres en la actualidad, ¿qué áreas probablemente valoraría o disfrutaría más?

_____

_____

D. Con esta actividad, he aprendido que…

_____

_____

_____

CAPÍTULO 8

Generar hábito para los pensamientos que reafirman nuestro yo interior

La autoaceptación no genera complacencia. Por el contrario, la bondad,
el respeto, el estímulo, el apoyo, la disciplina firme pero cariñosa…
son el suelo y el clima necesarios para el desarrollo.
—Anónimo

Tanto las personas con autoestima como sin ella son imperfectas. Ambos tipos cometen errores y no alcanzan metas ni sueños. Ambos grupos incluyen personas que son atractivas, y otras que no lo son. Los dos grupos incluyen personas que han tenido éxito en los negocios, los estudios, los deportes, las relaciones personales u otras áreas y otras que no lo han tenido. ¿Qué diferencia a los dos grupos?

La investigación y la experiencia clínica indican que quienes tienen autoestima piensan y hablan de sí mismos de modo distinto que quienes no la tienen. Por ejemplo, al fracasar, los que no tienen autoestima (incluidas las personas con personalidad tipo A o ansiedad alta en los test) son muy autocríticos, con pensamientos como *¿Qué me pasa? ¡Debería haber rendido más! ¿Por qué soy tan tonto?* Esas declaraciones de autorrechazo degradan aún más la autoestima. Por el contrario, quienes tienen autoestima (incluidas las personas con personalidad tipo B o baja ansiedad en los test) tienden a evaluar el fracaso de forma más comprensiva, centrándose en los factores externos y los comportamientos (por ejemplo, *este examen era difícil, tuve que hacer muchas otras cosas, no estudié lo suficiente; me prepararé mejor la próxima vez*). Esas declaraciones tienden a preservar la autoestima frente a las situaciones estresantes, con lo que permiten mejorar el comportamiento sin autocríticas.

Al centrarse en lo que es «inadecuado» en ellas, las personas sin autoestima se sienten deficientes y poco idóneas. Se sienten derrotadas, pierden la motivación y la alegría de experimentar consigo mismas como personas con valía. Si se obligan a crecer, lo hacen con unos estándares perfeccionistas, de una manera impulsiva y sin alegría, lo cual paradójicamente perjudica el éxito (Burns 1980). En cambio, las personas con autoestima reconocen la idoneidad de su yo interno a pesar de sus tosquedades e imperfecciones. Al centrarse en lo que es adecuado, se motivan a crecer utilizando la zanahoria, no el palo.

La terapia cognitiva elimina los pensamientos negativos que socavan la autoestima. La siguiente actividad es muy práctica para asimilar los pensamientos edificantes y autoafirmantes que construyen y preservan la autoestima.

Actividad de desarrollo de habilidades

A continuación hay una lista de afirmaciones que representan el diálogo que las personas con autoestima suelen tener consigo mismas.

1. Pienso bien de mí mismo. Esto es bueno.

2. Me acepto porque me doy cuenta de que soy algo más que mis puntos débiles, mis errores o cualquier otra cosa externa.

3. Las críticas son externas. Las examino buscando maneras de mejorar, sin llegar a la conclusión de que las críticas me hacen menos valioso como persona.

4. Puedo criticar mi propio comportamiento sin poner en duda mi valía como ser humano.

5. Me doy cuenta, y disfruto, de cada signo de logro o progreso, por insignificante que pueda parecerme a mí mismo o a los demás.

6. Disfruto de los logros y progresos que consiguen los demás, sin llegar a la conclusión de que valen más que yo como persona.

7. En general, soy capaz de vivir bien y de aplicar el tiempo, el esfuerzo, la paciencia, la formación y la asistencia necesarios para hacerlo.

8. Espero que los demás me quieran y me respeten. Si no lo hacen, no hay problema.

9. Normalmente puedo ganar la confianza y el afecto de las personas a través de un trato sincero y respetuoso. Si no, no hay problema.

10. En general, demuestro tener buen juicio en las relaciones y en el trabajo.

11. Puedo influir en otros por mis puntos de vista bien razonados, que puedo presentar y defender con eficacia.

12. Me gusta ayudar a otros a divertirse.

13. Disfruto con los nuevos desafíos y no me enfado cuando las cosas no me salen bien.

14. El trabajo que hago suele ser de buena calidad, y en el futuro espero hacer muchas cosas valiosas.

15. Soy consciente de mis puntos fuertes y los respeto.

16. Puedo reírme de algunas de las cosas ridículas que hago a veces.

17. Puedo cambiar la vida de otras personas gracias a lo que contribuyo.

18. Me gusta hacer que otros se sientan más felices y contentos por el tiempo que compartimos.

19. Me considero una persona valiosa.

20. Me gusta ser alguien especial. Me alegro de ser único.

21. Me gusto sin compararme con los demás.

22. Me siento estable y seguro en mi interior porque considero adecuadamente mi valía interna.

Ahora, usando las afirmaciones anteriores, haz la siguiente actividad.

1. Siéntate en un lugar tranquilo, bien apoyado en una silla, donde estarás cómodo durante unos veinte minutos.

2. Cierra los ojos. Respira profundamente dos veces y relaja tu cuerpo tan profunda y completamente como sea posible. Prepárate para una experiencia agradable y espera que suceda.

3. Abre los ojos lo suficiente para leer la primera afirmación. Cierra después los ojos y *concéntrate* en esa afirmación. Repítela tres veces lentamente, permitiéndote sentir que la afirmación es completamente exacta. Puedes intentar imaginarte en una situación en la que realmente pienses y cree en esa afirmación. Utiliza todos tus sentidos para experimentar la situación.

4. No te preocupes si alguna afirmación aún no parece aplicable a ti. Piensa en ella como una práctica de paciencia para crear un nuevo hábito mental. No permitas que los pensamientos negativos o pesimistas te distraigan o socaven tu progreso. Acepta todo lo que ocurra, sin exigir la perfección. Si no te sientes bien con alguna afirmación, evítala y vuelve a ella más tarde. O bien modifícala para sentirte bien con ella; asegúrate de que sea positiva.

5. Repite el paso 3 para cada afirmación. El ejercicio completo te llevará unos veinte minutos.

6. Repite diariamente, durante seis días.

7. Cada día, después de hacer esta actividad, observa cómo te sientes. Muchos notan que, con la práctica, se sienten cada vez más cómodos con los pensamientos, convirtiéndose en amigos de confianza. Los pensamientos con los que no te sientas cómodo en un plazo de seis días probablemente se convertirán en algo parecido cuando vuelvas a ellos después de completar el resto de este libro.

CAPÍTULO 9

Una visión general
de la valía humana incondicional

Hasta ahora hemos examinado algunas ideas muy importantes y destrezas relacionadas con el primer bloque de construcción de la autoestima, la valía humana incondicional. Debido a que las ideas y habilidades futuras se basarán en estos pilares, es importante detenernos aquí y repasar lo que hemos aprendido hasta ahora.

Tres ideas importantes

1. Cada persona tiene una valía infinita, inmutable e igual, que le viene de nacimiento.

2. El yo interno está separado de los factores externos. Éstos pueden ocultar lo más interno o ayudarle a brillar, pero el valor de lo interno es constante.

3. La gente expresa su valía mediante procedimientos y patrones únicos, pero cada persona, en su fuero interno, es completa, por lo que posee en potencia todos los atributos necesarios.

Cuatro habilidades aprendidas

1. Reemplaza los pensamientos negativos, de ataque al yo interno, llamados distorsiones.

2. Utiliza la habilidad *aunque… no obstante*.

3. Piensa en tu valía interna.

4. Crea el hábito de generar pensamientos que afirmen el yo interno.

Repaso general

Resulta útil reforzar las ideas y las habilidades que aprendiste en los capítulos anteriores. Por ello, por favor, tómate unos minutos para completar las siguientes afirmaciones. Es posible que quieras volver a leer las páginas anteriores para revisar lo que has hecho.

Las ideas que para mí han tenido más sentido son…

_____

_____

_____

_____

Las habilidades que más me gustaría recordar son…

_____

_____

_____

Siempre estaré agradecido por la forma en que el universo me aporta momentos e ideas esclarecedores. Lo siguiente lo escribió en una posada la sufragista estadounidense Elizabeth Cady Stanton:

> Pensaba que lo más importante que había que hacer para ser igual que los chicos era ser instruida y valiente. Así que decidí estudiar griego y aprendí a montar a caballo.
> La propietaria de la posada, una mujer maravillosa que tenía habilidad con los caballos, me vio leyendo la frase y dijo:
> —¿No es una cita maravillosa?.
> —Sí –dije–. La he escrito yo. Pero me hace sentir un tanto incómoda.
> —¿Por qué? –preguntó–. Me encanta que montar a caballo me aporte sensación de control.
> —Estoy de acuerdo –dije–. Está bien ser instruida y valiente. Pero la premisa es incorrecta, eso de que debemos hacer algo para ser iguales, es decir, del mismo valor que otros. Está bien hacer esas cosas porque son satisfactorias, pero no para ser igual que nadie. Ya lo somos.

Experimentando
el amor incondicional

CAPÍTULO 10

Los fundamentos del amor incondicional

Anteriormente me planteé esta pregunta: «¿Cómo se construye la autoestima en ausencia de antecedentes parentales?». Hasta ahora hemos examinado el primer bloque o factor de construcción de la autoestima: la valía humana incondicional. Este factor se basa en el propio reconocimiento exacto de la valía interna. Como tal, este factor está relacionado con la cognición o intelecto.

El factor II, el amor incondicional, es un hermoso y extremadamente poderoso bloque constructor que tiene que ver principalmente con las emociones. Mientras que el factor I hace referencia sobre todo a la parte *realista* de la definición de la autoestima, el factor II se refiere principalmente a la parte *valorativa* de la definición. Concentremos ahora nuestra atención en este factor.

A diferencia de la valía humana incondicional, una cognición en la que pensamos, el amor es algo que experimentamos. Aunque a los filósofos les guste intelectualizarlo, la gente reconoce el amor cuando lo ve. ¿Alguna vez has conocido a alguien que no lo haya hecho?

Cuando la madre Teresa predicaba a la gente, ya fuese un moribundo de Calcuta o un niño epiléptico del Líbano, ocurría algo fascinante. En el momento en que la miraban a los ojos y sentían un gran amor procedente de ellos, ya no miraban a otro lado. Se mostraban más tranquilos y su semblante se suavizaba. ¿Pensaban *Bueno…, vamos a ver, ¿esto es* agape, eros *o amor filial?* No. Simplemente reconocían el amor y respondían a él. Lo sentían por la forma en que los miraba, les hablaba y los tocaba (Petrie y Petrie 1986).

Principios básicos

1. Cada persona ha sido creada para amar y ser amada, como afirmó la madre Teresa (Petrie y Petrie 1986).

2. Cada persona necesita afirmar, o amar, para *sentir* ser alguien valioso. Es decir, todo el mundo necesita alguna fuente para afirmar que son amados, aceptados y valiosos. Como decía el psi-

cólogo Abraham Maslow (1968): «La necesidad de amor caracteriza a todo ser humano que nace [...]. No es posible ninguna salud psicológica a menos que el yo interno [...] se acepte, ame y respete». Por eso, el amor es importante. Si no lo has recibido de otros, es bueno proporciontártelo a ti mismo.

¿Qué es el amor?

Es útil tener una comprensión clara de la naturaleza del amor, que es el segundo factor de autoestima y un elemento importante. El amor es:

1. Un *sentimiento* que *experimentamos*. Lo reconocemos cuando lo vemos.

2. Una *actitud*. El amor quiere lo mejor para el ser amado en todo momento. (Por favor, ten en cuenta que el amor por los demás y el amor por uno mismo no son mutuamente excluyentes. Lo ideal es que la actitud de amar incluya ambas cosas).

3. Una *decisión* y un compromiso que tomamos todos los días. A veces «lo harás», aunque pueda ser difícil en ocasiones.

4. Una *habilidad* que se cultiva.

Algunos suponen erróneamente que el amor –y los sentimientos relacionados, como el aprecio, la aceptación y el afecto– es sólo un sentimiento que tenemos o que no tenemos. Esta visión simplista pasa por alto la idea de que el amor es también un acto de voluntad y una habilidad. Aunque cualquiera puede reconocer y responder al amor, amar es algo que aprendemos a hacer.

El señor (Fred) Rogers, de la televisión, demostraba diariamente su amor incondicional diciendo a los niños: «Me gusta cómo sois». Cantaba la siguiente canción en su programa (Rogers 1970). Observa los mensajes que hablan sobre separar la valía de los factores externos y que nos guste el yo interno.

> Eres tú quien me gustas,
> no son las cosas que llevas puestas,
> no es la forma en que te peinas.
> Sino que eres tú quien me gusta.
> Tal como eres ahora mismo,
> el camino más profundo de tu interior,
> no las cosas que te ocultan.

El señor Rogers fue un niño enfermizo, confinado durante la temporada de crecimiento de las flores a la única habitación de su casa con aire acondicionado. A los ocho años de edad visitó la granja de su abuelo. Se divirtió mientras corría por los muros de piedra de la granja. Después, su abuelo le dijo: «Fred, has hecho este día especial siendo tú mismo. Recuerda que sólo hay una persona en el mundo como tú, y que me gustas tal como eres» (Sharapan 1992).

Esta historia demuestra que cada uno de nosotros se aúpa sobre los hombros de aquellos que le han precedido, y que *el amor incondicional se aprende*.

Dos historias de amor

Es más fácil reconocer el amor que definirlo. Las dos historias siguientes describen muy bien el amor.

El amor encuentra su camino

Cuando Bernie Meyers, de setenta años, de Wilmette, Illinois, murió de repente de cáncer, su nieta de diez años, Sarah Meyers, no tuvo la oportunidad de despedirse de él. Durante varias semanas, Sarah prácticamente no habló sobre lo que sentía. Pero un día regresó a casa después de la fiesta de cumpleaños de un amigo con un globo de helio de color rojo brillante. «Entró en la casa –recuerda su madre– y salió llevando el globo, y un sobre dirigido al "abuelo Bernie, en lo más alto del cielo"».

El sobre contenía una carta en la que Sarah le decía a su abuelo que le quería y que esperaba que él pudiera oírla. Sarah imprimió su remite en el sobre, ató el sobre al globo y lo soltó. «El globo parecía muy frágil –recuerda su madre–. No creí que subiera más allá de los árboles. Pero lo hizo».

Pasaron dos meses. Entonces un día llegó una carta dirigida a «la familia de Sarah Meyers», con el matasellos de York, Pensilvania.

> Querida Sarah, familia y amigos: Vuestra carta para el abuelo Bernie Meyers parece que llegó a su destino y la leyó. Creo que allí arriba no pueden conservar cosas materiales, por lo que volvió a la Tierra. Ellos sólo guardan pensamientos, recuerdos, amor y cosas parecidas. Sarah, siempre que piensas en tu abuelo, él lo sabe, se encuentra muy cerca de ti y te quiere mucho. Sinceramente, Don Kopp (también un abuelo).

Kopp, un empleado de sesenta y tres años de edad, jubilado, había encontrado la carta y el globo casi desinflado mientras cazaba en el noreste de Pensilvania, a casi mil kilómetros de Wilmette. El globo había pasado volando sobre al menos tres estados y uno de los Grandes Lagos antes de posarse sobre un arbusto de arándanos.

«Aunque tardé un par de días en pensar qué contestar –dice Kopp–, era importante para mí escribir a Sarah».

Dice Sarah: «Sólo quería oír algo sobre mi abuelo de alguna forma. En cierto modo, creo que ahora *he* sabido de él».

—Bob Green, en el *Chicago Tribune* (1990)

Aprendiendo sobre el amor: una historia sobre la madre Teresa

Mi propia madre […] solía estar muy ocupada todo el día, pero tan pronto como llegaba la noche, solía moverse muy rápido para prepararse a recibir a mi padre. En ese momento no lo entendíamos, solíamos reír y normalmente bromeábamos con ella; pero ahora recuerdo el tremendo y delicado amor que ella sentía por él. Sin importar lo que sucediera, estaba allí lista con una sonrisa para recibirlo.

—Citado en D. S. Hunt, *Love: A Fruit Always in Season* («Una fruta siempre en temporada»)

Fuentes del amor

El amor se puede experimentar al menos procedente de tres fuentes: los padres, uno mismo y otras personas importantes. Los teólogos añaden una cuarta fuente importante, el amor divino. La mayoría de las teologías enseñan que el amor de Dios es incondicional, un don de gracia siempre accesible y el fundamento más seguro para el desarrollo. Este fundamento espiritual puede ser de utilidad esencial, aunque un examen completo del amor de Dios está más allá del alcance de este libro.

Padres

Los padres son una fuente ideal de amor incondicional. Aunque es estupendo recibir amor incondicional de los amigos, los padres son personas imperfectas que aman imperfectamente. Ningún niño ha recibido un amor incondicional perfecto por parte de sus padres. No es bueno perder el tiempo lamentándonos del amor que no recibimos en el pasado. Como hemos explicado, la culpa nos mantiene bloqueados en el pasado y contribuye al sentimiento de ser una víctima indefensa.

Yo

Si alguien no ha recibido amor de otras personas, tal vez pregunte: «¿Cómo puedo conseguir el amor que necesito para ser feliz?». Se puede conseguir este amor tan necesario de muchas maneras, como pronto veremos.

Otras personas importantes

El amor de otras personas importantes, como los amigos, el cónyuge o los familiares, lo citamos intencionadamente como último recurso. Es agradable recibir amor de otros; sin embargo, como sucede con los padres, otras personas nunca ofrecerán un amor incondicional perfecto. La reacción que obtenemos de los demás es más probable que sea un reflejo de cómo se sienten consigo mismos que un verdadero reflejo de nuestra valía interna. Cuando alguien carece de opinión realista y valorativa de sí mismo, suele convertirse en una persona socialmente necesitada. Es decir, recurre a otros para la aprobación –de su yo interno– de la que él mismo carece y desea tan desesperadamente. Puede agobiar a otros y dejarles secos emocionalmente. Cuando su inseguridad aleja a la gente, el rechazo es devastador. Incluso si se gana la estima de los demás, se trata de la estima de *otros*, no de *autoestima*. La estima de los demás no es un sustituto de la seguridad interna que proporciona la autoestima.

Por tanto, la forma correcta de proceder es, en primer lugar, ser responsable de la fuente del amor en la que puedes confiar: tú mismo. Antes de examinar maneras de conseguir un amor saludable, veamos algunas premisas adicionales importantes relacionadas con el amor.

Otras premisas relacionadas con el amor

Igual que la valía, el amor debe ser incondicional, inmutable ante fracasos temporales e independiente de las autoevaluaciones cotidianas. En otras palabras, podemos decirnos a nosotros mismos: «Aunque esté rindiendo mal, sigo queriéndome».

El amor también nos hace *sentir* que somos alguien. No nos define ni nos aporta nuestra valía. Sólo nos ayuda a ser conscientes, experimentar y valorar. Tal vez hayas oído la hermosa y vieja melodía «You're Nobody till Somebody Loves You» («No eres nadie hasta que alguien te ama»). Con todo el respeto por los compositores, la canción podría titularse mejor: «Siempre eres alguien, y el amor te ayuda a *saberlo*».

Por último, el amor es la base para el crecimiento. Lo contrario rara vez es cierto. Por ello, la productividad o un exceso de logros normalmente no llenan el doloroso vacío que origina la falta de amor por nuestro yo interno. Ted Turner, Gloria Steinem y el astronauta Buzz Aldrin son ejemplos de personas que lograron brillar en la productividad y los logros, pero en una fase posterior de sus vidas se dieron cuenta de que les faltaba algo *en su interior*. Ese algo es un sentimiento genuino de afecto por el yo interno. Este afecto forma las condiciones necesarias del crecimiento humano.

Varios autores han afirmado que no se puede amar a los demás si no se ama el propio yo, y que incluso el amor genuino y maduro de otros no puede contrarrestar el odio hacia uno mismo. Personalmente, me pregunto si se trata de una exageración. Creo que el amor genuino y maduro de los demás puede cambiar, y de hecho cambia, el concepto de uno mismo. Lo que ocurre es que no podemos basarnos en el amor de los demás. Y si alguien es lo suficientemente afortunado como para encontrarlo, no hay *garantías* de que el amor de otros, por sí solo, cambie la autoaversión. Así que volvemos al único ámbito en el que una persona puede asumir toda la responsabilidad: el yo.

Los padres del doctor Joseph Michelotti (1991) eran inmigrantes que procedían de una pequeña granja italiana. Tuvieron seis hijos; uno se convirtió en físico, mientras que otros se convirtieron en médicos y abogados. Los niños fueron criados en un entorno de gran amor. Especialmente su madre parecía entender el valor del yo interno. Reflexionando sobre su retrato favorito, comentaba que cuando morimos, «Dios nos devuelve nuestro "mejor yo"… Es el aspecto que vamos a tener en el cielo». Cuando Joseph era mayor, ella le dijo: «No tienes que comprarme ningún regalo de cumpleaños. En su lugar, escríbeme una carta sobre ti mismo. Háblame de tu vida. ¿Te preocupa algo? ¿Eres feliz?».

En la escuela secundaria, Joseph trató de desalentar a sus padres de que fuesen a verle tocar *The Music Man* en la orquesta. Él afirmaba que su papel era poco importante. «Tonterías –respondió ella–. Por supuesto que vamos a ir, y vamos porque tú estás en el programa». Asistió toda la familia. Mucho amor, ánimos y expectativas para mejorar la humanidad…, una buena fórmula para desarrollar la autoestima. Si no has recibido estas cosas de tus seres queridos, entonces está bien que te las proporciones tú mismo.

Reflexiones sobre el amor

Antes de pasar al siguiente capítulo, piensa en las siguientes reflexiones sobre el amor.

Toda persona ha sido creada para amar y ser amada.

Hay un hambre mayor que el hambre de pan…, el hambre de amor.

Pequeñas cosas con gran amor. No importa cuánto hagamos, sino cuánto amor ponemos en el proceso, y no importa cuánto damos, sino cuánto amor ponemos en el proceso.

—Madre Teresa

La primera responsabilidad de un ser humano es darse la mano a sí mismo.

—Henry Winkler

CAPÍTULO 11

Encontrar, amar y curar el yo interno

Si no tuviste padres cariñosos, entonces es mejor que aprendas
a ser un padre cariñoso para ti mismo.
—Anónimo

La vida no consiste en pedestales y poder. La vida es amor. Como decía la madre Teresa, toda persona «ha sido creada para amar y ser amada». Es el amor el que sana de verdad, no tanto el intelecto, aunque la cognición apoye el proceso.

En cierto sentido, el amor es la base de una gestión eficaz del estrés porque es el fundamento de la salud mental y la autoestima. La gestión del estrés en realidad consiste en la gestión de la vida. Ofrece habilidades para ayudar a lidiar con el presente, pero ignora en gran medida el poder de curar el pasado para poder disfrutar del presente. Las investigaciones (Pennebaker 1997, Borkovec *et al.* 1983) han demostrado que escribir sobre las preocupaciones pasadas y presentes mejora en gran medida el estado de ánimo y el sistema inmunitario.

Hay varias teorías avanzadas para explicar estos resultados. Algunos piensan que plasmar las preocupaciones o los traumas reprimidos sobre el papel permite liberarlos y descargarlos, lo cual proporciona un gran alivio. Algunos piensan que, al escribir sobre esas preocupaciones, la gente gana distancia, objetividad, perspectiva y a veces soluciones. Personalmente, creo que hay otra razón: escribir sobre los sentimientos reconoce y honra esos sentimientos, que suelen rechazar las personas que se basan en la vergüenza (es decir, las que se sienten mal en su interior). Escribir sobre tus sentimientos es una forma de amarte a ti mismo.

El amor sana el niño que hay en nuestro interior

Dentro de cada uno de nosotros hay una luz…, un yo interno de paz, integridad, alegría, bondad, valor innato y sentimientos que son buenos y que nos hacen humanos. Este yo interno a veces se llama metafóricamente el «niño interior». El niño interior posee, en estado embrionario, todos los atributos que necesita, más una tendencia innata a crecer y pulir las asperezas.

Sin embargo, con el paso del tiempo, normalmente –en un grado u otro– nos separamos o apartamos del niño interior. Entendemos bien este proceso: el abuso, el abandono, las críticas o la negligencia interaccionan con las imperfecciones y las decisiones personales, llevando a las personas a concluir que son defectuosas como individuos. No creen que *cometan* errores, sino que *son* un error, malas en su interior. Por lo tanto, el yo interno del niño se queda cubierto, rechazado, separado o dividido. Ésta es la raíz del odio hacia uno mismo y de los comportamientos basados en la vergüenza que son comunes a tantas disfunciones relacionadas con el estrés.

Sin embargo, la verdad es que el niño interior –aunque maltratado, oculto y dividido– sobrevive intacto. El niño que alguna vez fuiste, lo sigues siendo (Leman y Carlson 1989). Nuestro objetivo como seres humanos es lograr la curación, la integración, la completitud y la reunión de nuestra conciencia actual con nuestro yo interno de luz. La cura es el amor, sencillamente. No podemos llamarlo amor en las profesiones asistenciales, pero se trata amor. El amor cura y proporciona la base para el crecimiento. Aunque el adulto funciona de modo lógico, el yo interno del niño tiene hambre de amor y sigue gritando hasta que sacia el hambre.

Los adultos entienden bien este proceso. En una de las clases sobre estrés que imparto, hablamos sobre los estilos parentales en relación con el estrés. Pregunto si alguno de los alumnos tuvo unos padres perfectos. Después de algunas risas, pregunto si alguien tuvo padres que se aproximaran razonablemente a la perfección. Entre los que responden suele haber una mirada de alegría en sus caras cuando cuentan cómo se expresaban y respetaban los sentimientos, y cómo se ofrecían libremente el tiempo y el afecto. Lo habitual es que esos estudiantes tengan éxito en la escuela y la vida, y no son personas con impulsos neuróticos. En cambio, aquéllos cuya necesidad de amor no se vio cubierta son más propensos a experimentar inseguridad, tristeza, falta de relaciones sociales, enfado y preocupación por su estatus social.

Las experiencias correctoras reparan las primeras heridas

La pregunta es si el adulto puede curar el «agujero de su alma» si hubo poco amor mientras se desarrollaba mentalmente. La respuesta es «sí». Un enfoque procede de la literatura sobre el alcoholismo y la vida familiar disfuncional. Esta literatura utiliza imágenes que enfatizan el afecto junto con la razón. Puesto que muchas personas tuvieron pasados imperfectos, las experiencias correctoras pueden compensar el pasado para que puedan progresar (Alexander 1932). A continuación ofrecemos las instrucciones para dos experiencias correctoras, adaptadas de las obras de John Bradshaw (1988) y Pam Levin (1988).

Experiencia correctora n.º 1: Descubre y ama a tu yo interno

El objetivo de este ejercicio de cinco pasos es encontrar y amar a tu yo interno o niño interior.

1. En primer lugar, escribe los nombres de tus amigos más queridos, familiares o seres amados, personas con las que te sientes, o te has sentido, bien; personas que te hacen, o te hicieron, sentir bien, seguro, aceptado y amado. Primero identifica parejas, y después individuos (incluyendo amigos, colegas y maestros).

2. Encuentra un lugar para sentarte tranquila y cómodamente, donde no te molesten durante unos quince minutos.

3. Respira muy profundamente dos veces, diciendo la palabra «relájate» mientras espiras.

4. Imagina que eres un niño rodeado de gente cariñosa. Pueden ser las personas cariñosas que has identificado o dos adultos cálidos y cariñosos. Puedes pensar en los padres, como te habría gustado que hubieran sido. Tal vez imagines figuras compuestas de varias personas que has conocido y amado que te hicieron sentir que eras alguien: una persona valiosa.

5. Como niño, necesitabas escuchar las palabras de la lista que ofrecemos a continuación. Imagina que oyes estas afirmaciones, alternando cada una de las personas.

- Nos alegra que estés aquí.

- Bienvenido al mundo.

- Bienvenido a nuestra familia y nuestro hogar.

- Estamos muy contentos de que seas un niño (o una niña).

- Eres hermoso.

- Todos nuestros hijos son hermosos.

- Queremos estar cerca de ti, abrazarte y amarte.

- Algunas veces sentirás alegría y risa, otras veces tristeza y dolor, enfado y preocupación. Todos estos sentimientos están bien para nosotros.

- Estaremos aquí para ti.

- Te concederemos todo el tiempo que necesites para satisfacer tus necesidades.

- No hay problema en deambular, separarte, explorar y experimentar.

- No te abandonaremos.

Imagina a quienes pronuncian estas palabras acunándote, amándote y mirando suavemente hacia ti con ojos llenos de amor, mientras respondes a estos sentimientos.

Practica con estas imágenes durante dos días consecutivos antes de pasar a la siguiente experiencia correctora.

Experiencia correctora n.º 2: Abrazar a tu niño perdido

Una vez más, encuentra un lugar donde puedas reflexionar, sin ser molestado, durante al menos quince minutos. Relájate y concéntrate en tu respiración unos minutos. Siendo consciente de tu respiración, concéntrate en el aire que inspiras y espiras. Observa la diferencia del aire cuando inspiras y cuando espiras. Concéntrate en la diferencia. Ahora imagina lo siguiente, usando el género masculino o el femenino según corresponda:

Estás caminando por un largo tramo de escaleras. Baja las escaleras lentamente y cuenta hacia atrás, de diez a uno. Cuando llegues a la parte inferior de las escaleras, gira a la izquierda y camina por un largo pasillo con puertas a derecha e izquierda. Cada puerta tiene un símbolo de color sobre ella. Al mirar al final del pasillo, notarás que hay un potente campo de luz. Camina a través de la luz y vuelve a través del tiempo, a la calle donde vivías antes de cumplir siete años. Camina por esa calle hasta la casa en la que vivías. Mira la casa. Observa el techo, el color de la casa, las ventanas y las puertas. Contempla a un niño pequeño salir por la puerta principal. ¿Cómo está vestido el niño? ¿De qué color son los zapatos del niño?

Dirígete hacia el niño. Dile que vienes de su futuro. Dile que sabes mejor que nadie lo que ha pasado. Su sufrimiento, su abandono, su vergüenza. Dile que, de todas las personas que conocerá, eres el único al que nunca va a perder. Ahora pregúntale si está dispuesto a ir a casa contigo. Si no, dile que le visitarás mañana. Si está dispuesto a ir contigo, cógele de la mano y empieza a andar. Siente el calor y la alegría de esa pequeña mano y de estar con esa pequeña persona. A medida que caminas, observa a tu padre y tu madre salir del porche. Diles adiós con la mano. Mira por encima de tu hombro mientras continúas caminando y ves a tus padres cada vez más pequeños, hasta que desaparecen por completo.

Gira en la esquina y contempla tu poder superior y tus amigos más queridos esperándote. Abraza a todos tus amigos y permite que tu poder superior entre en tu corazón. Observa a todos abrazando al niño con alegría. Abraza a tu niño y siente cómo lo haces cálidamente. Coge al niño de la mano y deja que se encoja hasta el tamaño de tu mano. O bien abraza al niño y siente que se absorbe en tu interior, llenándote de toda su alegría, esperanza y potencial. Dile que estás poniéndole en tu corazón para llevarle siempre contigo. Prométele que estarás con él durante cinco minutos cada día. Elige una hora exacta. Comprométete a estar con él ese tiempo.

A continuación, imagina que te diriges a algún hermoso lugar al aire libre. Colócate en el centro de ese lugar y reflexiona sobre la experiencia que acabas de tener. Obtén un sentido de comunión contigo mismo, con tu poder superior y con todas las cosas. Ahora mira al cielo; observa las nubes de color púrpura y blanco formar el número cinco. El cinco se convierte en un cuatro, siente tus pies y tus piernas. El cuatro se convierte en un tres, siente la vida en tu estómago y tus brazos. El tres se convierte en un dos, siente la vida en tus manos, tu cara y todo tu cuerpo. Sabes que estás a punto de despertarte por completo, capaz de hacer todas las cosas con tu mente totalmente despierta. El dos se convierte en un uno y estás completamente despierto, recordando esta experiencia.

CONVENCIÓN ANUAL DE HIJOS ADULTOS
DE PADRES NORMALES

* ¡Bienvenidos, miembros del colegio americano de neurólogos y psiquiatras!
Reproducido con el permiso de Jennifer Berman. Copyright Jennifer Berman, 1989.

Consigue una fotografía tuya de cuando eras pequeño, si es posible, para recordar al niño que vive dentro de ti. Practica con estas imágenes durante dos días consecutivos.

Suelo pedir a mis alumnos que busquen y traigan a la clase una foto suya de cuando eran pequeños, lo cual suelen hacer con un placer exquisito. Recuerdo a un estudiante en concreto, a quien me resultaba difícil entender y que me gustara. Se mantenía en silencio, aislado, y miraba hacia abajo cuando se le hablaba. Después trajo una foto. Era un niño que posaba junto a sus padres, unos inmigrantes. Tenía la mirada pura e inocente que sólo un niño pequeño y sensible puede tener. Desde ese momento sentí un gran afecto por ese alumno y lo vi a través de otros ojos, unos ojos que comprendían su yo interno. El yo verdadero y agradable suele aparecer en el niño antes de que los factores externos recubran su interior. Ver el interior es recordar el milagro que constituye cada persona.

CAPÍTULO 12

El lenguaje del amor

Las relaciones amorosas duraderas se caracterizan por la valoración, el gusto, el respeto y la aceptación. En las relaciones saludables parece haber este pensamiento implícito: *Ya sabes, me di cuenta hace mucho tiempo de que no eres perfecto, no exactamente lo que esperaba. Tal vez me ría de algunas de tus preferencias e idiosincrasias, pero sabes que por debajo del humor hay un verdadero agrado. Y nunca te hablaré despreciándote o poniéndote en ridículo.* Este ambiente de respeto, paradójicamente, permite que las personas cambien y crezcan si así lo desean. Del mismo modo, una actitud de bondad hacia uno mismo también estimula y hace posible el crecimiento.

Hemos visto cómo un diálogo interno negativo puede impedir el crecimiento y el disfrute de la vida. Las habilidades que describimos a continuación refuerzan la decisión de pensar en nosotros mismos de forma realista *y* amable.

Descripciones amables

¿Te consideras competente? Esta pregunta te induce a pensar: *Bueno, «competente» significa perfectamente competente. Lo cierto es que no soy perfectamente competente. Así que supongo que, en verdad, debo de ser un incompetente.*

Este ejemplo de pensamiento extremista explica por qué es difícil para mucha gente pensar bien de sí mismos. Representado en un diagrama, el proceso de pensamiento es algo así:

0   10

Incompetente   Competente

Aquí, «competente» sugiere «competencia perfecta», mientras que «incompetente» significa «sin ninguna capacidad» y «totalmente inapropiado». Según este esquema de pensamiento, si una persona no es un 10, debe ser un 0. En el capítulo 6 sugerí un modo de evaluar el comportamiento sin calificar el propio yo. Aquí hay otra forma de pensar en el yo que es precisa y amable:

Incompetente   Competente   Perfecto

Esta forma de pensar reconoce con precisión el terreno intermedio. Por supuesto, nadie es perfecto, lo cual significa completado y sin defectos. Sin embargo, toda persona es competente en sentido relativo: competente a veces y de modo único, y posee la competencia en alguna etapa incompleta de desarrollo. Según este baremo, toda persona puede considerarse competente.

En el extremo izquierdo de la línea que ofrecemos a continuación hay una serie de etiquetas negativas. En el polo opuesto se encuentra la perfección. En el centro están las descripciones más amables y precisas de las personas.

0   10

Fracasado   Ganador   Perfecto
Tonto   Listo
Defectos   Éxito

Un «fracasado» es una persona que es derrotada sin aportar ni aprender nada. Dado que cualquier persona que aún esté viva sigue aprendiendo y puede aportar algo, nadie debe concluir que es un fracasado. Si un «exitoso» es aquel que aprende, prueba y aporta a algún nivel, entonces es realista que todos piensen que son exitosos. No se trata de ningún argumento para la autocomplacencia. Una persona puede seguir aspirando a la excelencia y hacer todo lo posible sin exigir la perfección.

A modo de ejercicio, añade algunas etiquetas adicionales a la lista que ofrecemos a continuación. En el centro, escribe una descripción más amable y precisa que la palabra de la izquierda.

0   10
├──────────────────────────────┼──────────────────────────────┤

                                                              Perfecto

Idiota   _____

Cero   _____

No aporto nada   _____

Desagradable   _____

_____   _____

_____   _____

_____   _____

_____   _____

Cambiando de canal

A continuación enumeramos varios ejemplos de diálogo interno y comentarios autocríticos que nos decimos a nosotros mismos y a otras personas: «autocrítica» conlleva un lenguaje que menosprecia y degrada. Cuando te des cuenta de que piensas o haces esos comentarios, es recomendable decirte a ti mismo inmediatamente: «¡Alto!». Y después cambias de canal. *«Cambiar de canal»* significa simplemente pensar y hablar sobre ti mismo de manera respetuosa, de modo que estimule el crecimiento y desarrolle la autoestima. Observa el cambio emocional que tiene lugar cuando cambias de canal.

Diálogo interno de autocrítica	¡Detente! Cambia de canal
Sólo soy un _____ (profesor, enfermero, etc.)	Soy un _____ (profesor, enfermero, etc.)
	Son un honesto y trabajador _____
	Siento satisfacción al ser un _____
	Espero progresar.
Nunca tendré éxito.	El éxito consiste en hacer esfuerzo y movernos en la dirección deseada.
Con sólo que fuera _____	La próxima vez, yo _____
¡Odio eso de mí mismo!	¡Qué extravagancia más interesante!
	Voy a trabajar en esto.
	Me sentiré mejor conmigo mismo cuando progrese.
Seguramente eche a perder esto.	No tengo miedo de intentarlo porque mi valía reside en mi interior.
Estoy gordo.	Tengo sobrepeso. Me estoy esforzando por perder el exceso de peso.

Autovigilancia de las autocríticas: Un ejercicio

Un día, mientras iba a clase, me fijé en una estudiante de posgrado que estaba sentada ante una mesa de pícnic, reflexionando profundamente sobre este ejercicio. Me acerqué silenciosamente por detrás de ella y le «quité» su bolso. Mientras me alejaba, dije en voz alta para que me oyera: «¡Qué bueno! Ha sido muy fácil. Espero que haya mucho dinero en este bolso». Ella se rio y se puso roja. Tal vez pensara que *yo era un tonto y un colgado*. Después me enseñó lo que había escrito. El ejercicio decía: «Me concentro bien a pesar de distracciones como los ladrones de bolsos». Una actitud amable es realmente una decisión que tomamos todos los días. Cuando elegimos mostrar una actitud amable, los sentimientos deseados acaban por llegar.

Durante los dos próximos días, observa si detectas que haces comentarios autocríticos. Cuando los tengas, sustitúyelos por afirmaciones de ánimo.

Diálogo interno de autocrítica　　　　　　　　**Comentarios/pensamientos de ánimo**

Primer día

1. _____

2. _____

Segundo día

1. _____

2. _____

CAPÍTULO 13

La opinión valorativa de otras personas

Podemos hacer inventarios tranquilos, pero más honestos, de nuestros puntos fuertes,
ya que, en este sentido, la mayoría de nosotros somos contables poco honrados
y necesitamos «auditores externos» que confirmen lo que decimos.
—Neal A. Maxwell

En este momento, es apropiado, y puede ser útil, resumir dos puntos clave sobre el amor y la aprobación de los demás.

1. El amor y la aprobación de los demás no son iguales que la autoestima. De lo contrario, se llamaría estima procedente de *otros*, no autoestima.

2. No obstante, el amor y la aprobación de otras personas pueden contribuir al desarrollo de la autoestima.

Del mismo modo que la crítica no daña la autoestima sin tu consentimiento, el amor y la aprobación no generarán autoestima sin tu consentimiento. Esto no conlleva despreciar el valor de la intimidad; consiste únicamente en decir que la autoestima es sólo eso: *auto*estima. Si alguien te quiere y te ayuda a *sentir* ser alguien, se trata de un maravilloso regalo por el que puedes estar agradecido, de manera que todavía puedes tener autoestima en ausencia de intimidad. Por ejemplo, una viuda que vive sola puede tener autoestima.

Pregúntate: «¿Qué me gusta de mí? ¿Qué rasgos, atributos, habilidades, aportaciones, etcétera, valoro?». Muchas personas, especialmente las que tienen poca autoestima y las que no disponen de práctica, tendrán dificultades para responder a estas preguntas.

En el próximo capítulo harás un inventario sincero de tus puntos fuertes. El siguiente ejercicio puede ayudar en este proceso y servir de calentamiento. Este ejercicio supone que (1) puedes reunir a un pequeño grupo de personas que te conocen y se conocen razonablemente bien, y que (2) los miembros del grupo están dispuestos a compartir anónimamente sus impresiones favorables los unos con los otros, a cambio de una experiencia muy agradable. Este ejercicio te llevará aproximadamente una hora, dependiendo del número de personas del grupo.

El círculo de dones diferentes: Un ejercicio

Aprobar y afirmar palabras de otras personas no es lo mismo que la autoestima. No obstante, aceptar las buenas opiniones de los demás y examinar esas opiniones puede ayudar a abrir los ojos a la verdad. Esto puede ayudar a estimular una visión realista y valorativa del yo que reconoce los dones de una persona.

1. Sentaos formando un círculo. Entre seis y diez personas es lo ideal, pero cualquier número puede valer. Cada uno tiene un bolígrafo, o un lápiz, y una hoja de papel.

2. Cada persona escribe su propio nombre en la parte superior de la hoja de papel, con letras grandes.

3. Cuando se da la señal de «pasar», cada uno pasa el papel a la persona sentada a su derecha.

4. La persona que recibe el papel se dispone a escribir tres cosas que valora sobre la persona cuyo nombre aparece en el papel. Pueden ser cualidades, puntos fuertes, atributos y aportaciones (por ejemplo, «Me gusta tu sonrisa», «Me gusta la forma en que aprecias y atraes mi atención por la belleza de la naturaleza», «Agradezco tu modo de expresar gratitud»; «Me haces sentir »). Dispersa tus comentarios por toda la extensión del papel para que nadie sepa quién los escribió.

5. Cuando todos hayan terminado de escribir tres ítems de valoración, se da la señal «preparados, pasar», después de lo cual cada persona pasa la hoja a quien se encuentra a la derecha. Cada persona repite después las instrucciones del paso 4.

6. Seguid pasando los papeles hasta que se hayan completado todas las hojas y se encuentren en las manos de la persona sentada a la izquierda del dueño de la hoja.

7. En este momento, cada persona lee los comentarios sobre la persona que se encuentra a su derecha. Cuando eres tú quien los escucha, asegúrate de

   • relajarte;

   • escuchar, disfrutar y permitir que se capte cada afirmación;

   • dar crédito a la gente por ejercer su buen juicio en sus comentarios sobre ti; y

   • no menospreciar los elogios a diálogo interno crítico (por ejemplo, «Sí, pero si supieran», «Sólo están siendo educados», «Seguro que les engañé con mi cháchara»). Si surgen este tipo de comentarios, piensa ¡*Detente! Lo que está ocurriendo aquí es algo saludable. Existe la posibilidad de que haya algo o mucho de verdad en estos comentarios.*

El «círculo de dones diferentes» es un estupendo ejercicio para personas de todas las edades. Es una actividad maravillosa para las familias. A menudo escucharás comentarios como: «Nunca me imaginé que la gente pensara esas cosas». Los buenos sentimientos entre los miembros del grupo se incrementan. Los individuos disfrutan guardando sus propias hojas de papel y recurriendo a ellas cuando necesitan un empujón emocional o recordar sus puntos fuertes.

CAPÍTULO 14

Reconocer y aceptar cualidades positivas

Soy más grande, mejor de lo que pensaba.
No sabía que tuviera tanta bondad.
—Walt Whitman

La autoestima puede cultivarse reconociendo resueltamente lo que ahora es «correcto» sobre nosotros mismos. Para muchos, esto es difícil porque los hábitos propios del pensamiento negativo hacen más fácil identificar lo malo. Aunque sea beneficioso reconocer los defectos y puntos débiles, al hacerlo se convierte en la perspectiva dominante –la exclusión de los puntos fuertes– y la autoestima sufre.

Por tanto, el ejercicio que ofrecemos a continuación consiste en la práctica de reconocer y reforzar los puntos fuertes valorándolos. Hacerlo es una forma de amarte a ti mismo. Esta habilidad se basa en la investigación de tres canadienses, Gauthier, Pellerin y Renaud (1983), cuyo método mejoró la autoestima de los sujetos de su investigación en pocas semanas.

Para calentar, marca las siguientes casillas si a veces eres, o has sido, razonablemente:

- ☐ Limpio
- ☐ Práctico
- ☐ Amante de la lectura (¡Vamos! Si has leído hasta aquí, marca esto.)
- ☐ Puntual
- ☐ Seguro o con autoconfianza
- ☐ Entusiasta o animado
- ☐ Optimista
- ☐ Con buen humor, alegre o divertido
- ☐ Amistoso
- ☐ Amable

- ☐ Agradecido
- ☐ Respetuoso o educado
- ☐ Receptivo a la belleza o a la naturaleza
- ☐ Con principios o ético
- ☐ Trabajador
- ☐ Responsable o de confianza
- ☐ Organizado, ordenado o pulcro
- ☐ Participativo
- ☐ Que anima o hace elogios
- ☐ Atractivo
- ☐ Con buena imagen

☐ Leal o comprometido

☐ De confianza

☐ Confiado, o que ve lo mejor de los demás

☐ Amoroso

☐ Fuerte, poderoso o enérgico

☐ Determinado, resuelto o firme

☐ Paciente

☐ Racional, razonable o lógico

☐ Intuitivo, o que confía en los propios instintos

☐ Creativo o imaginativo

☐ Comprensivo, amable o cariñoso

☐ Disciplinado

☐ Persuasivo

☐ Talentoso

☐ Alegre

☐ Sensible o considerado

☐ Generoso

☐ Buena condición física

☐ Inteligente o perceptivo

☐ Cooperativo

☐ Que perdona o es capaz de mirar más allá de los errores o los defectos

☐ Conciliador

☐ Tranquilo o sereno

☐ Exitoso

☐ De mente abierta

☐ Diplomático

☐ Espontáneo

☐ Flexible o adaptable

☐ Enérgico

☐ Expresivo

☐ Cariñoso

☐ Gracioso o digno

☐ Aventurero

Marca las palabras que describen en qué a veces eres razonablemente bueno:

☐ Sociable

☐ Sé escuchar

☐ Cocinero

☐ Deportista

☐ Limpio

☐ Trabajador

☐ Buen amigo

☐ Toco un instrumento o canto

☐ Estudiante

☐ Líder o director

☐ Organizador

☐ Tomo decisiones

☐ Buen consejero

☐ Sé ayudar

☐ Apoyo o ayudo

☐ Planificador

☐ Buen seguidor

☐ Corrijo los errores

☐ Sonriente

☐ Sé debatir

☐ Mediador

☐ Cuento historias

☐ Escribo cartas

☐ Pensativo

☐ Solícito

☐ Doy ejemplo

☐ Buen compañero

☐ Acepto las críticas

☐ Asumo riesgos

☐ Disfruto de aficiones

☐ Sé administrarme

☐ Miembro de una familia

No se necesita ser perfecto para marcar estos ítems, ya que *nadie* los hace de forma perfecta o durante todo el tiempo. Sin embargo, si has marcado algunos y has logrado mantenerte razonablemente cuerdo en un mundo muy complicado, date una palmadita en la espalda. Recuerda que esto sólo era un calentamiento. El ejercicio que sigue a continuación ha demostrado ser muy eficaz para desarrollar la autoestima.

Ensayo cognitivo: Un ejercicio

1. Elabora una lista de diez afirmaciones positivas sobre ti mismo que sean significativas, realistas y ciertas. Puedes tomar las afirmaciones de las listas de las páginas anteriores, generar las tuyas propias o hacer ambas cosas. Entre los ejemplos se encuentran: «Soy un miembro fiel y responsable de mi familia (equipo, club, etcétera)»; «Soy limpio y ordenado» «Sé escuchar». Si mencionas una función que desempeñas bien, intenta añadir características personales específicas que expliquen por qué. Por ejemplo, en lugar de decir sólo que eres un buen gestor, puedes añadir que asumes las situaciones rápidamente, que reaccionas bien y que tratas a la gente con respeto. Los roles pueden cambiar con el paso del tiempo, pero los rasgos de carácter y personalidad pueden expresarse mediante muchos roles distintos.

2. Escribe las diez afirmaciones positivas en el espacio ofrecido a continuación.

3. Encuentra un lugar para relajarte, sin que te molesten, durante quince o veinte minutos. Durante uno o dos minutos, medita sobre una afirmación y las pruebas de su exactitud. Repítelo para cada afirmación.

4. Repite este ejercicio todos los días, durante diez días. Cada día, añade una afirmación adicional en el espacio ofrecido.

5. Varias veces al día, mira un elemento de la lista y, durante unos dos minutos, medita sobre las pruebas de su exactitud.

Diez afirmaciones positivas

1. _____

2. _____

3. _____

4. _____

5. _____

6. _____

7. _____

8. _____

9. _____

10. _____

Afirmaciones adicionales

1. _____

2. _____

3. _____

4. _____

5. _____

6. _____

7. _____

8. _____

9. _____

10. _____

Si lo prefieres, puedes escribir las afirmaciones en fichas y llevarlas contigo. Algunas personas consideran que las tarjetas son más fáciles de utilizar durante el día.

Fíjate en cómo te sientes después de practicar esta habilidad, que contrarresta las distorsiones de todo o nada de «No soy bueno» sustituyéndolas por pensamientos y sentimientos de valoración. He descubierto que la gente que prueba este ejercicio disfruta de él especialmente. Lee algunos de los comentarios que se han dicho a lo largo de los años.

- ¡Vaya! No estoy tan mal después de todo.

- He mejorado con la práctica. Al principio no creí en las afirmaciones. Después me encontré sonriendo en el camino hacia la escuela (o el trabajo).

- Me siento *motivado* para actuar siguiendo las afirmaciones.

- Me sentí tranquilo y calmado.

- Me di cuenta de que tengo muchas más cosas buenas de las que pensaba.

CAPÍTULO 15

Cultivar la valoración del cuerpo

El cuerpo es una cosa externa. No es nuestro interior. Nuestro cuerpo no contiene nuestra propia valía. Sin embargo, el cuerpo es una metáfora de nuestro interior, en el sentido de que el modo en que experimentamos el cuerpo suele ser similar a la forma en que experimentamos nuestro yo interno.

El cuerpo, por ejemplo, constituye una manera en que podemos recibir y experimentar el amor. Pensemos en la sensación de un abrazo o el suave tacto de alguien que nos importa de verdad. La sensación que tiene el cuerpo también la percibe nuestro yo interno. Si miramos con aprecio nuestro cuerpo en el espejo, será más fácil experimentar nuestro yo interno de una manera similar. Una actitud respetuosa y cariñosa hacia el cuerpo –reflejada en unas buenas prácticas de salud– tiende a influir positivamente en los sentimientos hacia el yo interno.

Por el contrario, con el maltrato o el menosprecio, el cuerpo puede ser objeto de vergüenza y, muy a menudo, por extensión, también el yo interno. Si pensamos que *valoraríamos nuestro cuerpo si no tuviéramos ese defecto, esa arruga o esa grasa,* es probable que también seamos poco amables con el yo interno. Si somos duros con nuestras imperfecciones físicas, seguramente también seremos poco amables con el yo interno.

Sin embargo, independientemente de lo negativos que seamos con nuestro cuerpo, o lo mal que lo hayamos tratado, el yo interno sigue intacto y responde al amor curativo, refrescante y reparador. Cuando cultivemos la valoración de nuestro cuerpo, será más fácil experimentar el yo interno con más amabilidad. Después, el ejercicio que hay al final de este capítulo te ayudará a cultivar una saludable valoración de tu cuerpo, sin importar cuál sea su condición actual. Aunque algunas personas puedan haber emitido mensajes críticos y negativos sobre su cuerpo, todo el mundo puede aprender, o reaprender, a experimentar el cuerpo positivamente.

La magnificencia del cuerpo

El doctor Russell M. Nelson (1988), con una distinguida carrera como cirujano cardíaco, tenía una gran visión de las maravillas del cuerpo. Recomendaba que recordemos las magníficas vistas que hemos contemplado: una majestuosa montaña, un potente caballo que galopa con gracia por un verde prado, un rascacielos. Después sugería que pensemos en el magnífico cuerpo que vemos en el espejo, ignorando las imperfecciones de momento. Comentaba que la palabra «magnífico» procede de dos raíces latinas: *magni* significa «grande», y *facere* significa «hacer». De este modo, «magnífico» o «hecho grande», es una característica aplicable al cuerpo humano.

Comencemos a apreciar algunas de las maravillas del cofre del tesoro que es el cuerpo.

De la concepción a la madurez

En la concepción, un espermatozoide y un óvulo se unen de una forma que sólo se entiende en parte. De esta unión surge una sola célula que se multiplicará innumerables veces de acuerdo con un código genético único e incomparable que se hereda: la suma de todos nuestros antepasados. Las células se multiplican según este código genético, que consta de 6000 millones de secuencias de ADN. Aunque se pudiese estirar la longitud del cuerpo del adulto, este código genético está plegado en el interior del yo interno de cada célula, con una longitud de solamente una diezmilésima de centímetro. Poco después de la concepción, las células producen más de 50.000 proteínas necesarias para la vida. Aunque cada célula contenga el mismo patrón genético para el cuerpo y podría convertirse en cualquier tipo de célula corporal, se especializan activando y desactivando determinados genes. Y así algunas células se convierten en células del ojo, otras en células del corazón y otras se convierten en los vasos sanguíneos o nervios necesarios, que aparecen en su lugar apropiado, en el momento apropiado. En el transcurso de la vida, las células del cuerpo sintetizarán 5 toneladas de proteína. Cada día, el cuerpo maduro genera 300.000 millones de células para mantener el total de 75 billones de células del cuerpo. ¡Colocadas de un extremo a otro, las células del cuerpo se extenderían a lo largo de 2.500.000 kilómetros!

El increíble sistema circulatorio

El corazón da vida a todas las células. Con tan sólo 300 gramos de peso, este magnífico músculo bombea incansablemente 8000 litros de sangre cada día y late 2500 millones de veces a lo largo de toda la vida, un ritmo que dejaría agotados a los demás músculos en cuestión de minutos. El corazón en realidad consta de dos bombas juntas. Una propulsa la sangre con fuerza suficiente para que circule a través de los 125.000 kilómetros de los vasos sanguíneos del cuerpo. La otra envía sangre a los pulmones con tanta suavidad que no daña los delicados sacos de aire que hay allí. Cuando se separan, las células del corazón laten con ritmos distintos. Juntas, no obstante, laten al unísono y la sincronía de una exquisita orquesta sinfónica. La tecnología no puede replicar la resistencia del corazón. La fuerza de la sangre lanzada contra la aorta dañaría rápidamente unas tuberías metálicas rígidas, mientras que las válvulas flexibles, y de delicados tejidos, del corazón son más resistentes que cualquier material fabricado por el hombre.

El sólido sistema esquelético

Los 206 huesos del cuerpo son, gramo a gramo, más fuertes que el sólido acero o que el hormigón armado. A diferencia de estos materiales hechos por el hombre, los huesos se vuelven más densos y más fuertes conforme levantan peso. Sesenta y ocho juntas constantemente lubricadas permiten un increíble movimiento continuo. Por ejemplo, las treinta y tres vértebras de la columna, asistidas por cuatrocientos músculos y mil ligamentos, permiten una infinita variedad de posiciones de la cabeza y del cuerpo. O bien podemos pensar en las grandes habilidades de la mano, que puede girar enérgicamente el tapón de una botella o quitar suavemente una astilla. En lo relativo a su duración, precisión y complejidad, la ciencia no puede imitar al pulgar, cuya rotación requiere miles de mensajes procedentes del cerebro. La mano extenderá y flexionará incansablemente las articulaciones de los dedos: 25 millones de veces durante toda una vida. Con una utilización increíblemente eficiente del espacio, la médula ósea sintetiza 2,5 millones de glóbulos rojos cada segundo, reponiendo un suministro de 25 billones de glóbulos rojos, que, colocados de un extremo a otro, alcanzarían una altura de 50.000 kilómetros en el cielo.

Pensemos también en la función de los 650 músculos del cuerpo. Un sencillo paso requiere 200 músculos: 40 músculos elevan la pierna, mientras que los de la espalda mantienen el equilibrio y los abdominales evitan que caigamos hacia atrás.

Sintiendo el mundo

Tomamos una bebida refrescante en la terraza de una cafetería. Olemos los alimentos que se cocinan y oímos los sonidos de la gente al conversar animadamente. Vemos flores multicolores, la gente paseando, las nubes rodando perezosamente y sentimos el viento en nuestra cara. En un abrir y cerrar de ojos, unos circuitos neuronales complicados e innumerables señales cerebrales nos permiten sentir el mundo a nuestro alrededor. Consideremos lo maravilloso de estas capacidades.

Los ojos, las orejas y la nariz son verdaderas maravillas de la miniaturización. Cuando te miras en el espejo, ves en tres dimensiones, aunque la imagen sea completamente plana. El movimiento constante de los ojos, el equivalente a caminar 80 kilómetros diarios, y decenas de millones de receptores de la retina, que realizan miles de millones de cálculos cada segundo, hacen que el ojo sea más sensible y valioso que cualquier cámara. A diferencia de las cámaras, los ojos se limpian ellos mismos.

La conversación desplaza el tímpano a una distancia igual al diámetro de un átomo de hidrógeno. No obstante, nuestros oídos, exquisitamente sensibles, nos permiten distinguir las voces de las personas y girarnos hacia la fuente del sonido. Además, los oídos informan al cerebro sobre los desequilibrios posturales más ligeros.

Comprimido en un área más pequeña que un sello postal, cada orificio nasal tiene 10 millones de receptores para los olores, lo que permite al cerebro distinguir y recordar hasta 10.000 olores distintos.

¿Podrías imaginar un recubrimiento para el cuerpo más fino que la piel? Bajo un centímetro cuadrado (el tamaño de la uña del dedo meñique) hay, de media, cientos de terminaciones nerviosas que detectan el tacto, la temperatura y el dolor; por no hablar de las 100 glándulas sudoríparas, que sirven para enfriar, y los numerosos melanocitos para protegernos de los rayos del sol.

Las defensas más destacables

En todo momento, el cuerpo se defiende contra un ejército de poderosos invasores mediante un sistema de defensa más sofisticado que el de cualquier nación. La piel constituye la primera línea de protección. Su configuración ácida y salada elimina muchos microbios y evita que muchas otras impurezas penetren en el cuerpo.

Cada día inhalamos 8000 litros de aire, el equivalente a una pequeña sala, que contiene 20.000 millones de partículas extrañas. La nariz, las vías respiratorias y los pulmones forman un destacado sistema autónomo de aire acondicionado y humidificación. Las lisozimas de la nariz y la garganta destruyen la mayoría de las bacterias y los virus. El moco atrapa partículas en las vías respiratorias, y millones de diminutos pelos, llamados cilios, impulsan enérgicamente el moco hacia la garganta, para tragarlo. El potente ácido del estómago neutraliza los poderosos microbios, la razón por la que un niño puede beber agua de un charco y normalmente seguir estando sano. En la nariz, el aire entrante contiene una humedad constante del 75 al 80 por 100. En los días fríos se envía sangre adicional a la nariz para calentar el aire inspirado.

Los microbios que escapan a esta destrucción desencadenan una actividad más destacable. Miles de millones de glóbulos blancos fagocitan o matan sin cesar a los invasores que entran en el cuerpo. Otras células del sistema inmunitario se multiplican y recurren a las células productoras de anticuerpos. Cuando es necesario, los glóbulos blancos pueden desencadenar una fiebre que ayuda a acabar con los invasores, e interrumpen la fiebre cuando la batalla ha terminado. Las lecciones de la batalla se conservan, ya que el sistema inmunitario recuerda al invasor y la forma de defenderse en el futuro.

Cerca del sistema digestivo, que absorbe los nutrientes necesarios, se encuentra el hígado. Además de otros quinientos procesos vitales, este órgano procesa todos los nutrientes absorbidos por los intestinos y neutraliza las toxinas. Por ejemplo, en los ocho segundos que tarda la sangre en pasar a través de él, el hígado se deshace en gran medida de la cafeína o la nicotina, que podrían ser mortales si llegaran directamente al corazón.

La sabiduría del cuerpo

El cerebro supervisa la multitud de complejidades del cuerpo. Con un peso de 1500 gramos y con 100.000 millones de células nerviosas, este órgano hace que, en comparación, incluso el ordenador más sofisticado parezca estar anticuado, puesto que cada célula nerviosa puede conectarse con otros miles, cada una de las cuales se conecta a su vez con miles, la flexibilidad, la complejidad y el potencial del cerebro resultan realmente inspiradores.

El cerebro, por ejemplo, mantiene el interior del cuerpo prácticamente constante para preservar la vida. Si una persona vive en el desierto a 48 grados centígrados, el cerebro lleva más sangre a la piel para liberar calor y aumentar la transpiración. En el Ártico, la sangre es desviada de la piel hacia los órganos internos más importantes, mientras que el hecho de tiritar permite generar calor. Si una persona sangra, en los vasos sanguíneos entra agua procedente de los tejidos, y los vasos no esenciales se contraen para mantener la presión sanguínea a un nivel adecuado. Mientras mantiene el equilibrio interno, el cerebro también permite tomar decisiones, resolver problemas, soñar, recuperar recuerdos almacenados, reconocer caras y disponer de una capacidad ilimitada para la sabiduría y la personalidad.

Otras maravillas del cuerpo

Piensa en cómo el cuerpo convierte el «grano de trigo que en su momento se agitaba en el campo» en «la energía gastada al mover nuestra mano» (National Geographic Society 1986), o en tejido vivo: en primer lugar, mediante una compleja serie de transformaciones en el aparato digestivo, y después por transformaciones aún más complejas en las células.

Aprecia por un momento los 300 millones de alvéolos, o sacos aéreos, de los pulmones que intercambian el oxígeno del aire que respiramos por el dióxido de carbono de las células del cuerpo. Extendidos, estos alvéolos casi cubrirían un campo de tenis.

Piensa en la capacidad del cuerpo para repararse. A diferencia de la pata de una mesa o una tubería, los huesos, los vasos sanguíneos, la piel y otras partes del cuerpo pueden autorrepararse.

Muchos órganos disponen de un sistema de reserva: dos ojos, dos riñones, dos pulmones. Sin embargo, el único hígado cuenta con una capacidad extraordinaria de regeneración. Seguirá funcionando si se destruye o se elimina el 80 por 100 y, en unos meses, puede reconstruirse hasta alcanzar su tamaño original.

Contemplar la complejidad y la magnificencia del cuerpo sin duda nos ayuda a apreciar nuestros cuerpos. Pasemos ahora a un ejercicio que también nos ayudará a experimentar nuestros cuerpos con una saludable valoración.

Valoración corporal: Un ejercicio

¿Eres consciente de que el modo en que consideras tu cuerpo influye sobre la forma en que sientes tu yo interno? Dar vueltas a las cosas negativas es una distorsión cognitiva que nos mantiene concentrados en los pensamientos negativos a expensas de lo positivo. El resultado es que nuestro estado de ánimo puede llegar a ser habitualmente negativo. De la misma manera, podemos concentrar nuestra atención en las partes más negativas de nuestro cuerpo. Puedes mirarte en el espejo y centrarte en algún defecto o algún rasgo poco atractivo. Igualmente, podemos centrarnos en la fatiga, la enfermedad o una parte del cuerpo que no funcionan bien. (Esto no quiere decir que debamos ignorar la fatiga, la enfermedad o el dolor. Estamos hablando sobre la forma en que normalmente experimentamos nuestro cuerpo). Muy pronto, si no tenemos cuidado, tendremos una experiencia negativa del cuerpo.

Para mejorar tu valoración corporal, haz el siguiente ejercicio durante un mínimo de cuatro días. Por lo menos seis veces, a lo largo del día, mira tu cuerpo directamente, o en un espejo, y observa, valorando positivamente, algo que esté *bien* en él. Concéntrate a veces en los tesoros que hemos descrito. Piensa en los milagros del interior de tu cuerpo. Piensa otras veces en la piel, los órganos sensoriales, las manos, los dedos o alguna característica que consideres atractiva. Observa con agradecimiento que funcionan bien.

CAPÍTULO 16

Reforzar y fortalecer la valoración corporal

El ejercicio que ofrecemos a continuación lo ideó un conocido maestro de autoestima, Jack Canfield (1985), y es un procedimiento muy eficaz para reforzar el hábito de experimentar el cuerpo valorándolo. El ejercicio dura unos treinta minutos. Léelo despacio, o pide a alguien que te lo lea lentamente, en un lugar tranquilo donde no te molesten. Realiza este ejercicio una vez al día, durante cuatro días.

Una meditación sobre la valoración del cuerpo

Bienvenido. Encuentra una posición cómoda, ya sea sentado en una silla o tumbado en el suelo o en una cama. Tómate un momento para sentirte cómodo. Y sé consciente de tu cuerpo. Puede que quieras estirar varias partes del cuerpo…: los brazos, las piernas, el cuello o la espalda… sólo para mejorar la conciencia de tu cuerpo. Y a continuación empieza a hacer unas respiraciones más profundas, más largas y más lentas… inspirando por la nariz y espirando por la boca si puedes hacerlo. Y continúa con la respiración larga, lenta y rítmica

Después tómate unos momentos para concentrarte en tu cuerpo y valorarlo. Siente el aire que fluye dentro y fuera de tus pulmones, aportándote energía vital. Ten en cuenta que tus pulmones siguen respirando, incluso cuando no eres consciente de ellos…, inspirando y espirando, todo el día, toda la noche, incluso cuando duermes… respirando oxígeno, respirando aire puro y fresco, expulsando los productos de desecho, limpiando y restaurando todo el cuerpo, una constante entrada y salida de aire…, igual que el océano, como la marea que llega y se va. Y a continuación envía una hermosa y radiante luz blanca, y amor, a tus pulmones, y sé consciente de que, desde que hiciste tu primera respiración, tus pulmones han estado ahí para ti. Sin importar lo que hagamos, siguen inspirando y espirando, todo el día. Ahora toma conciencia de tu diafragma, ese músculo situado debajo de tus pulmones que sube y baja, y que continuamente permite que tus pulmones respiren… y envía luz y amor a tu diafragma.

Ahora toma conciencia de tu corazón. Siéntelo y aprécialo. Tu corazón es un milagro vivo. Sigue latiendo sin cesar, sin pedir nunca nada, un músculo incansable que sigue sirviéndote continuamente…, enviando por todo tu cuerpo, a cada célula, los nutrientes vitales. ¡Qué hermoso y poderoso instrumento! Día tras día, tu corazón ha estado latiendo. Y contempla tu corazón rodeado de luz blanca y de calor, y di en silencio a tu corazón *te amo y te aprecio*.

Ahora sé consciente de tu sangre, que se bombea mediante tu corazón. Es el río de la vida para tu cuerpo. Millones y millones de células sanguíneas…, glóbulos rojos y blancos…, anticoagulantes y anticuerpos…, fluyendo por tu torrente sanguíneo, luchando contra la enfermedad, proporcionándote inmunidad y curación…, llevando el oxígeno de tus pulmones a cada célula de tu cuerpo…, todo el recorrido que llega a los dedos de los pies y el cabello. Siente que la sangre se mueve por tus venas y arterias… y rodea todas esas venas y arterias con luz blanca. Obsérvala bailando en el torrente sanguíneo, como si llevara alegría y amor a cada célula.

Y ahora toma conciencia de tu pecho y tu caja torácica. Puedes sentir que sube y baja con tu respiración…, tu caja torácica que protege todos los órganos de tu cuerpo…, protege tu corazón y tus pulmones… manteniéndolos seguros. Permítete enviar amor y luz a los huesos que forman tu caja torácica. Y luego toma conciencia de tu estómago, tus intestinos, tus riñones y tu hígado. Todos los órganos de tu cuerpo que introducen comida, la digieren y proporcionan los nutrientes para tu cuerpo… equilibrando y purificando tu sangre…, tus riñones y tu vejiga. Contempla todo tu cuerpo, desde tu cuello hasta tu cintura, rodeado y lleno de luz blanca.

A continuación, toma conciencia de tus piernas…, tus piernas que te permiten caminar y correr, bailar y saltar. Te permiten ponerte de pie en el mundo, para avanzar, correr y quedarte sin aliento con regocijo. Permítete apreciar tus piernas y sentirlas rodeadas de luz blanca. Y observa todos los músculos y huesos de tus piernas, llenos de radiante luz blanca… y di a tus piernas: «Os amo, piernas, y aprecio todo el trabajo que habéis hecho». Y después toma conciencia de tus pies. Te permiten mantenerte en equilibrio mientras caminas por el mundo. Te permiten subir y correr… y te apoyan todos los días…, y entonces da gracias a tus pies por estar ahí y sostenerte.

Y después toma conciencia de tus brazos. Tus brazos también son milagros. Y tus manos. Piensa en todas las cosas que puedes hacer gracias a tus manos y tus brazos. Puedes escribir a mano y con teclado…, puedes alcanzar y tocar cosas. Puedes recoger cosas y usarlas. Puedes llevarte comida a la boca. Puedes apartar las cosas que no quieres. Puedes rascarte lo que te pica, pasar las páginas de un libro, preparar comida, conducir tu coche, dar a alguien un masaje, hacer cosquillas a alguien, defenderte, o dar a alguien un abrazo. Puedes extender los brazos y tomar contacto con tu mundo y con otras personas. Así que observa tus brazos y tus manos rodeados de luz y envíales tu amor.

Y después permítete sentir gratitud por tener un cuerpo que puedes usar todos los días, tener las experiencias que deseas tener, y que necesitas para crecer y aprender de él.

A continuación, toma conciencia de tu columna vertebral, que te permite ponerte erguido... y te proporciona una estructura para todo tu cuerpo... y ofrece protección para tus nervios, desde tu cerebro, pasando por la columna vertebral y hacia el resto de tu cuerpo. Observa una luz dorada flotando sobre tu columna vertebral, desde la base en la pelvis... subiendo por tu columna, vértebra a vértebra, subiendo por todo el recorrido hasta el cuello..., hasta la parte superior de tu columna, donde entra en contacto con el cráneo..., y deja que la luz dorada fluya hacia tu cerebro.

Y toma conciencia de las cuerdas vocales de tu cuello..., te permiten hablar, ser escuchado, comunicarte, ser comprendido, cantar y rezar, gritar y aullar con deleite y emoción... para expresar tus sentimientos, llorar y compartir tus pensamientos más profundos y tus sueños.

Después toma conciencia del lado izquierdo de tu cerebro, la parte de tu cerebro que analiza y calcula, que resuelve los problemas y los planes para el futuro, que calcula y razona, y que deduce e induce..., simplemente permítete apreciar lo que tu intelecto te proporciona..., y contempla el lado izquierdo de tu cerebro totalmente lleno de luz dorada y blanca... y brillantes estrellas pequeñas, y observa que esa luz blanca limpia, y despierta, ama y nutre esa parte de tu cerebro..., y luego deja que esa luz comience a pasar desde el lado izquierdo de tu cerebro hacia el derecho..., la parte de tu cerebro que te permite sentir, tener emociones, ser intuitivo, soñar..., soñar despierto y visualizar, crear y hablar a tu sabiduría superior..., la parte de tu cerebro que te permite escribir poesía y dibujar... y apreciar el arte y la música. Contempla ese lado de tu cerebro lleno de una luz blanca y dorada.

Siente después que la luz fluye por los nervios de tus ojos... y observa y siente tus ojos llenos de esa luz, y sé consciente de la belleza que tus ojos te permiten percibir: las flores, los atardeceres y la gente hermosa... todas las cosas que has de apreciar con tus ojos.

Y después toma conciencia de tu nariz. Te permite oler, respirar y saborear... todos los maravillosos sabores y olores de tu vida..., las hermosas fragancias de las flores y la esencia de todos los alimentos que te encanta comer.

Ahora toma conciencia de tus oídos..., te permiten escuchar música, escuchar el viento, el sonido de las olas en el océano y el canto de los pájaros... y escuchar las palabras «te amo»..., debatir y escuchar las ideas de otro, para dejar que sobrevenga el entendimiento.

Y a continuación siente cada parte de ti mismo, de la cabeza a los pies, rodeada y llena de tu propio amor y tu propia luz. Y ahora tómate un momento y permítete pedir disculpas a tu cuerpo por cualquier cosa que hayas podido hacerle…, por las veces que no fuiste amable con él y por las veces que no te preocupaste por él con amor…, las veces que no lo escuchaste…, las veces que le introdujiste demasiada comida, alcohol o drogas…, las veces que estabas demasiado ocupado para comer, demasiado ocupado para hacer ejercicio…, demasiado ocupado para un masaje o para un baño caliente… y por todas las veces que tu cuerpo quiso recibir un abrazo, o que lo tocaran, y tú lo impediste.

Y una vez más sentir tu cuerpo… y verte rodeado de luz. Y ahora deja que esa luz empiece a expandirse fuera de tu cuerpo…, hacia el mundo…, expandiéndote, llenando el espacio que te rodea.

Ahora empieza lentamente a devolver esa luz a ti mismo, muy lentamente, de vuelta a tu cuerpo, a ti mismo… y experiméntate aquí, ahora, lleno de luz y lleno de amor y aprecio por tu cuerpo. Y cuando estés listo, tal vez comiences a estirarte y sentir que la conciencia y la vitalidad vuelven a tu cuerpo. Y cuando estés listo, lentamente puedes empezar a sentarte y reajustarte para estar en tu habitación, y dejar que tus ojos se abran, tomándote todo el tiempo que necesites para hacer esa transición.

La práctica aumenta el efecto

Este ejercicio puede ser bastante poderoso, y su eficacia suele aumentar con la práctica. Mientras nos relajamos y practicamos, pueden surgir sentimientos e ideas útiles. Aunque los sentimientos que se experimentan suelen ser bastante agradables, no siempre tiene por qué ser así. Por ejemplo, una mujer se echó a llorar la primera vez que practicó este ejercicio, sobre todo cuando trató de apreciar sus piernas. De joven había querido ser bailarina, pero sus piernas habían resultado gravemente quemadas en un fuego. Fue consciente de que seguía enfadada por el accidente, y desde entonces había odiado sus piernas. Decidió liberar la ira y los sentimientos negativos que tenía hacia su cuerpo, y la siguiente vez que probó el ejercicio pudo disfrutarlo plenamente. Por tanto, sigue practicando y espera que los beneficios aumenten con el tiempo.

CAPÍTULO 17

Reafirmar el amor
y la valoración de uno mismo

Volvamos nuestra atención directamente al yo interno y recordemos la premisa de que el amor incondicional es necesario para la salud mental y el crecimiento. «Incondicional» significa que elegimos amar, aunque haya imperfecciones que desearíamos que no existieran.

Pongamos como ejemplo dos personas que tienen sobrepeso. Jane piensa *estoy gorda. Me odio a mí misma.* Mary piensa *estoy muy contenta de estar dentro de mí misma. Me sentiría mejor y disfrutaría la vida aún más si perdiese algo de esta grasa.* Observa la diferencia entre los tonos emocionales de Jane y Mary. ¿Quién es más probable que siga un plan de alimentación y ejercicio para bajar de peso? ¿Quién es más probable que logre el peso deseado sin estar emocionalmente angustiada?

En el capítulo 6, «Reconocer la realidad - ¡No obstante!», aprendiste los siguientes conceptos clave:

1. Una persona puede reconocer condiciones externas desagradables sin condenar el yo interno.

2. Las personas que no se gustan a sí mismas tienden a tener pensamientos *como… entonces* (por ejemplo, *como soy gordo, entonces me odio a mí mismo*) que perjudican a la autoestima.

3. La habilidad *no obstante* ofrece una respuesta realista, optimista e inmediata a los factores externos desagradables, una respuesta que refuerza la propia valía separándola de los factores externos.

En este capítulo adaptamos la habilidad *no obstante*, estudiada en el capítulo 6, al factor II, el amor incondicional, utilizando este formato:

Aunque _____ , *no obstante* _____
(alguna cosa externo)   (alguna declaración de amor/valoración)

Por ejemplo: *Aunque* tengo sobrepeso, *no obstante* me quiero.
Otras declaraciones con *no obstante* son:

- Me quiero a mí mismo, sin duda.

- En mi interior estoy muy contento de ser yo.

- En el fondo, en realidad me gusto y me valoro.

Otra variante consiste en usar el formato *Es cierto* _____. Por ejemplo, *es cierto que hoy he actuado mal, y me quiero.* Quizás puedas pensar otras frases que te gusten.

Aunque… no obstante: Un ejercicio

Elige un compañero. Pide a tu compañero que diga cualquier declaración negativa que le venga a la mente, sea verdadera o falsa, como:

¡Te odio!
¡Eres un perdedor!
¡Eres tan idiota!
¿Por qué siempre lo echas a perder?

Saca tu ego a relucir, y a cada crítica responde con una declaración *aunque… no obstante* que exprese amor y aprecio por el yo interno. Una vez más, es probable que desees utilizar parte de tu terapia cognitiva o habilidades valorativas (capítulo 12). Por ejemplo, si alguien te califica de «perdedor», puedes responder con: «En realidad, soy una persona con éxito que a veces pierde. *Aunque* a veces pierdo, *no obstante* ». Si alguien afirma que siempre estropeas algo, puedes pensar para ti mismo: *Aunque a veces echo a perder algo, no obstante…*

Amarse y valorarse a sí mismo: Un ejercicio

1. Para cada uno de los próximos seis días, selecciona tres eventos o situaciones con el potencial de erosionar la autoestima (por ejemplo, te fijas en las bolsas que hay bajo tus ojos cuando te miras en el espejo; alguien te critica o te insulta; rindes mal; recuerdas que alguien a quien quieres no te quiere a ti).

2. En respuesta a cada evento, selecciona una afirmación *aunque… no obstante* que exprese amor y aprecio. Luego, en la siguiente hoja de trabajo, describe el evento o situación, la afir-

mación que utilizaste y el efecto que elegir esa afirmación y decírtela a ti mismo tuvo en tus sentimientos. Mantener un registro por escrito refuerza la habilidad.

3. Este ejercicio te permite experimentar eventos desafiantes con un amor incondicional. Ese amor se experimenta como *sentimiento;* trata de expresar cada afirmación con emoción. Puedes levantar un poco la barbilla y poner una expresión agradable en tu cara.

Recuerda que el amor es un sentimiento. Es también una actitud que desea lo mejor para ti en cada momento, y es una decisión que tomas cada día. Por tanto, la intención y el compromiso son claves vitales para amarte a ti mismo.

Fecha	Evento/Situación	Declaración usada	Efecto
Día uno/Fecha: 1. 2. 3.			
Día dos/Fecha: 1. 2. 3.			
Día tres/Fecha: 1. 2. 3.			
Día cuatro/Fecha: 1. 2. 3.			
Día cinco/Fecha: 1. 2. 3.			
Día seis/Fecha: 1. 2. 3.			

CAPÍTULO 18

Meditación de ojos de amor

El siguiente ejercicio es una buena manera de ayudarte a experimentarte con alegría y aprecio.

En primer lugar, encuentra un lugar tranquilo para relajarte sin ser molestado, ya sea acostado o sentado, durante unos diez minutos.

Una vez que te hayas instalado, imagina que estás sentado en presencia de un ser en quien confías y a quien quieres: un buen amigo, un familiar querido, Dios o un ser imaginario. Este ser te ve de forma realista y muy cariñosa. Imagina que puedes verte a ti mismo a través los ojos de ese ser: ojos de amor. ¿Qué hay que se pueda valorar? Observa detenidamente:

- ¿Hay algo agradable o atractivo físicamente?

- Observa todos los rasgos agradables de personalidad o de carácter, como la inteligencia, la alegría, la perspicacia, la risa, el humor, la integridad, la tranquilidad, el buen gusto o la paciencia.

- Reconoce todos los talentos y habilidades.

- Observa la apariencia, más allá de atributos puramente físicos, como el semblante, la expresión o la sonrisa.

Contémplate tú mismo con ojos de amor y aprecio, y disfruta de la experiencia por unos momentos.

Ahora regresa a tu propio cuerpo. Nota todos esos sentimientos de amor y aprecio de ese ser que te quiere, y siéntete acogido, feliz, tranquilo, seguro. Dite a ti mismo, en silencio, *soy amable*, y nota esos sentimientos de amor y aprecio crecer en tu interior.

CAPÍTULO 19

Gustarnos la cara que vemos en el espejo

¿Cuánto vales? Algunas personas responden:

- Valgo 12,50 dólares por hora. Eso es lo que me paga mi jefe.

- No valgo nada. Si no me crees, pregúntale a mi padre (cónyuge, novia, etc.).

- Sólo valgo lo que ofrezco a la moral de las tropas.

Como explicamos anteriormente, no podemos asignar un valor finito a la valía de un individuo. ¿Lo hacemos? Sí, si reducimos a una persona a un salario, pólizas de seguro, rango, posición, talento o lo que podamos tomar de ellos. Así que repitamos aquí el principio básico de la autoestima: cada persona tiene un valor infinito, inmutable e igual.

¿Alguna vez te has tomado mucho tiempo para mirarte a tus propios ojos y ver tu yo interno? Puedes aprender a gustarte de esta manera. Tal vez necesites algo de práctica, pero esta habilidad podría cambiar lo que piensas sobre los espejos.

La forma en que te ven los demás puede quedar distorsionada por la forma en que se ven a sí mismos; sin embargo, un espejo refleja las imágenes con bastante precisión. Cuando te ves en un espejo, tu atención puede centrarse en tu apariencia: ropa, pelo, defectos u otros factores externos. No obstante, en el ejercicio que ofrecemos a continuación, te verás de modo diferente, tal vez muy distinto a todo lo que has hecho antes. Éste es uno de los ejercicios más poderosos de este libro. Agradezco al capellán del Ejército de Estados Unidos N. Alden Brown que me lo haya enseñado.

Un reflejo de sí mismo: Un ejercicio

1. Durante los próximos cuatro días, utiliza un espejo varias veces a lo largo de cada día.

2. Mira a tus ojos con ojos de amor. Mientras miras, al principio tal vez observes que hay tensión en los ojos y alrededor de ellos. Mira con total entendimiento y emoción. Trata de comprender lo que hay detrás del estrés y deja que desaparezca. Cuando mires profundamente con amor, notarás un cambio en tus ojos y en todo tu rostro.

3. Repite este ejercicio con frecuencia. Puedes utilizar cualquier espejo, incluso un espejo de coche.

Con el paso del tiempo, este simple pero profundo ejercicio permitirá tener un sentimiento muy bueno y saludable para echar raíces y crecer. Al mirarte a los ojos y ver el yo interno, las apariencias y los factores externos llegan a asumir su nivel correcto (es decir, secundario) de importancia. Quizás notes que comienzas a desear y disfrutar mirarte en el espejo, en lugar de temerlo, porque ahora te concentras en lo que tiene un valor infinito –el yo interno–, que contemplas con amor.

CAPÍTULO 20

Mirarnos con ojos cariñosos

La expresión artística puede influirnos profundamente de modos que el pensamiento no puede. Desarrollada por el terapeuta familiar John Childers, esta estrategia utiliza el arte para experimentar amor incondicional. El beneficio de la expresión artística consiste en el proceso, no en la calidad del arte.

Paso 1: Establecer la experiencia de ser un artista

Dentro de cada uno de nosotros hay una parte artística de nuestra personalidad. Esta parte artística es capaz de crear nuevos y maravillosos dibujos del mundo que nos rodea. Estos dibujos no necesitan verse exactamente como un árbol, una casa o una persona. Eso no es importante. Lo importante es la libertad de expresar tu yo artístico sobre el papel. En pocos minutos, como artista, crearás un dibujo maravilloso. Pero, por ahora, imagina que eres un artista.

Paso 2: Identificar a alguien si sabes que te quiere

Como artista, estarás dibujando una imagen de alguien de tu vida que sabes que te ama (y que te ha tratado con respeto). Tómate un momento para pensar en la gente que hay en tu vida: tal vez un abuelo u otro miembro de la familia, un compañero de trabajo, maestro o amigo querido. Elige a una persona muy especial, una persona que sepas que te quiere.

Paso 3: Descríbete a ti mismo las características que hacen especial a esa persona

En un minuto o dos harás un dibujo de esta persona tan especial, pero antes tómate un tiempo pensando cómo dibujarla. Por ejemplo, ¿qué aspecto tiene? ¿Es alta, o de talla mediana o baja? ¿Qué color de pelo tiene esta persona tan especial? ¿Cuál es el color de sus ojos? ¿Brillan sus ojos? ¿Tiene esta persona una cara sonriente? ¿Está extendiendo los brazos? ¿Cómo es su voz? ¿Suena suave? ¿Ruidosa? ¿Enérgica? ¿Amable? Si los sonidos de la voz pudieran ser colores, ¿qué colores tendría la voz de esta persona? ¿Cómo describirías sus sentimientos? Sigue pensando en las cualidades que la hacen especial para ti. Al pensar en esta persona que te quiere, toma conciencia de tus propios sentimientos. ¿Cómo te sientes ahora? ¿Cariñoso? ¿Cálido? ¿Emocionado? ¿Contento?

Paso 4: Haz un dibujo de la persona que te quiere

Ahora deja que el artista que hay dentro de ti haga un dibujo de esta persona tan especial, de esa persona que te quiere. Siéntete libre de empezar a dibujar ahora, eligiendo sólo los rotuladores, bolígrafos o lápices adecuados para dar color a esta persona tal y como la ves. También puedes usar colores para describir la voz y los sentimientos de esta persona, o anotar algunas palabras que la describan. Tómate tiempo y disfruta del proceso. Como artista, una vez hayas terminado el dibujo, tal vez quieras ponerle un título.

Paso 5: Imagina ser esa persona tan especial y verte a ti mismo a través de sus ojos cariñosos

Ahora, me gustaría que te imagines que eres esta persona especial que has dibujado. Sal fuera de ti mismo y conviértete en esa persona que te quiere. Ahora, al ser esta persona especial, me gustaría que pensaras en cómo te ves a ti mismo. Observa cuidadosamente.

Paso 6: Describe y dibuja cómo te quieren y te ven a través de esos ojos cariñosos

Al verte a través de los ojos de alguien que te quiere, te ves como alguien a quien se quiere. Descríbete a ti mismo lo que quieres de la persona que ves. Sigue observándote a través de los ojos de alguien que te quiere. Ahora, por favor, dibuja una imagen de ti mismo tal como se ve a través de estos ojos. A medida que dibujas y coloreas esta imagen, sigue viéndote con ojos cariñosos. Usa colores o palabras para describir tus miradas, comportamientos y sentimientos. Tu dibujo puede ser realista, abstracto o con salpicaduras de color: lo que tú decidas hacer.

Paso 7: Devuelve la conciencia a tu propio cuerpo, manteniendo los sentimientos cariñosos.

Ahora, vuelve lentamente a tu propio ser. Al observar esta imagen de ti mismo, te ves como alguien a quien querer. Viéndote como una persona a quien querer, dite a ti mismo en silencio *soy una persona a quien querer,* y nota el cálido sentimiento de amor creciendo dentro de ti.

CAPÍTULO 21

Experimenta amor a nivel del corazón

Gracias a los recientes avances en la tecnología informática, ahora sabemos que llenar el corazón con amor beneficia profundamente a la mente y al cuerpo. A través de la historia, los escritores han descrito cómo se experimentan las emociones en el corazón. Las emociones negativas pueden experimentarse como «Mi corazón está bajo de ánimo», o «Eso me rompió el corazón». Las emociones positivas podrían describirse con frases como «Eso me tocó el corazón», «Mi corazón está lleno de amor», «Mi corazón se siente bien», «Mi corazón tomó una foto», «reconfortante» o «sincero agradecimiento».

La Técnica de la Coherencia Rápida, descrita en este capítulo, es una habilidad que nos ayuda a cultivar el amor en el corazón. Poderoso complemento de las estrategias cognitivas, esta habilidad primero modifica el corazón, que a su vez influye en el pensamiento y el bienestar emocional. El corazón se comunica con el cerebro y otras partes del cuerpo mediante mensajes neuronales, bioquímicos, biofísicos (presión arterial) y electromagnéticos. De hecho, se envían muchos más mensajes del corazón al cerebro que desde el cerebro al corazón. Esto ayuda a explicar por qué la alteración del corazón puede generar tantos cambios beneficiosos en una persona.

El ritmo del pulso refleja la frecuencia cardíaca media del latido del corazón (por ejemplo, setenta latidos por minuto). El ritmo del pulso es un indicador bastante bueno de nuestra salud física y mental; sin embargo, un mejor indicador es lo bien que el corazón ajusta su velocidad entre un latido y otro. *Coherencia del corazón* significa que el corazón ajusta la velocidad de forma suave, flexible y rápida, como se refleja en la parte izquierda de la figura siguiente. Este patrón, que refleja el equilibrio dentro del sistema nervioso, se asocia con el bienestar mental y físico. Comparémoslo con el diagrama de la derecha, que muestra un patrón más caótico asociado con la disminución de la salud y el bienestar.

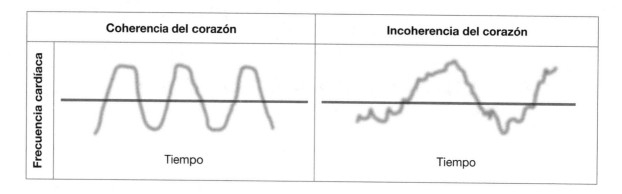

Coherencia del corazón frente a su incoherencia (adaptado con permiso de Childre y Rozman 2003, 21). La línea horizontal representa la frecuencia cardíaca media, y la línea curva representa los cambios de latido a latido en la frecuencia cardíaca.

Afortunadamente, la gente suele lograr una mayor coherencia del corazón en cuestión de semanas o meses poniendo en práctica la habilidad que describiré en breve. Esta habilidad utiliza emociones positivas, especialmente el amor, para cambiar el corazón. En última instancia, esta habilidad nos ayuda a respondernos más coherentemente a nosotros mismos y a los demás con más amor.

Preparativos

Encuentra un lugar cómodo y relajante para preparar tres listas escritas.

1. En primer lugar, identifica a la persona que más quieres y escribe por qué amas a esa persona. Tómate un momento para reflexionar sobre cómo te hace sentir esa persona. Luego haz una lista de tus personas favoritas, en cuya presencia tal vez te sientas o te hayas sentido seguro, querido o apreciado. La lista podría incluir familiares, vecinos, maestros, amigos o incluso mascotas.

2. Haz una lista de experiencias que te hayan hecho sentir amado y feliz. Podrías recordar momentos en que te sentías abrazado por la naturaleza, o momentos con personas cariñosas.

3. Ahora haz una lista de momentos en los que sentiste cariño, ternura, respeto o compasión por alguien. Tal vez un miembro de la familia, o alguien necesitado, te venga a la mente. Quizás recuerdes haber cogido a un niño y verlo dormir.

4. Elige uno de estos recuerdos, uno que esté relativamente libre de emociones negativas, para usarlo en la Técnica de Coherencia Rápida que explicamos a continuación. Experimentar

cualquier emoción positiva —como gratitud, aprecio, temor, paz o alegría— suscita la coherencia del corazón. Sin embargo, el amor genuino y maduro es el camino más rápido y eficaz para esta coherencia, y es el más importante para el factor II de la autoestima. Si puedes, trata de activar una sensación de amor, e intenta experimentar ese sentimiento en la región del corazón al probar la Técnica de Coherencia Rápida. Si hacerlo supone un gran esfuerzo, escoge antes otra emoción positiva, y después prueba la habilidad usando el amor. (Si es difícil activar una emoción positiva, puedes incluso empezar dejando que tu corazón esté neutral).

La Técnica de Coherencia Rápida

Esta técnica básica de coherencia del corazón sólo lleva un minuto, pero tiene efectos potentes. Siéntate tranquila y cómodamente, concentrándote en tu respiración durante unos momentos para centrar tu atención. Luego sigue estas instrucciones (Childre y Rozman 2005, 44-45).

1. **Respiración concentrada en el corazón.** Concentra tu atención en el área del corazón. Imagina que el aire entra y sale del corazón o área del pecho. Respira un poco más lenta y más profundamente que de costumbre.

2. **Activa un sentimiento positivo.** Intenta sinceramente experimentar un sentimiento regenerativo, como la apreciación o el cuidado de alguien o algo de tu vida.

En cuanto al paso 2, recuerda que experimentar cualquier emoción positiva es beneficioso a nivel del corazón. Sin embargo, el amor maduro es el camino más eficaz para la coherencia del corazón. Así que el objetivo del paso 2 es activar un sentimiento de amor maduro y experimentar ese sentimiento en la región del corazón. En este ejercicio no es tan importante recordar los detalles; lo importante es activar el sentimiento y experimentarlo en torno al corazón.

Practica esta habilidad por lo menos cuatro días, al menos cuatro veces al día: al despertar, antes de irte a dormir por la noche y dos veces más durante el día. Al principio, hazlo cuando estés tranquilo. Más adelante puedes probarlo cuando necesites un descanso, o para relajarte en los momentos estresantes del día. Completa este registro para llevar un seguimiento de tu experiencia.

Fecha	Evento/Situación	Emoción positiva activada	Efecto
1. 2. 3. 4.			
1. 2. 3. 4.			
1. 2. 3. 4.			
1. 2. 3. 4.			
1. 2. 3. 4.			
1. 2. 3. 4.			

La descripción de la coherencia del corazón y la figura adjunta están adaptadas, y la Técnica de Coherencia Rápida reproducida, con permiso de D. Childre y D. Rozman (2003, 2005) y del Instituto HeartMath, que ha investigado la resiliencia emocional durante más de veinticinco años. Para más información sobre su investigación y el entrenamiento de la resiliencia, consultar heartmath.org.

CAPÍTULO 22

Autocomprensión y conciencia atenta

Ser capaz de sentir compasión por todo ser humano, incluido tú mismo,
es una de las piedras angulares de una autoestima sana.
—Lisa M. Schab

Todos sufrimos al pasar por momentos difíciles. ¿Cómo sueles actuar cuando las cosas salen mal? Tómate unos minutos para pensar en esos momentos que le suceden a todo el mundo: cometes un error; no cumples un objetivo; eres consciente de un defecto de tu personalidad, o una parte de tu cuerpo te molesta; alguien te critica, te regaña, se burla, te maltrata o te rechaza; te enfrentas a problemas que no son culpa tuya; te implicas en una discusión acalorada.

En esos momentos, ¿eres duro contigo mismo –autocrítico– o amable? ¿Cuál de las siguientes columnas describe mejor cómo actúas normalmente hacia tu persona en los momentos difíciles? Marca los recuadros que hay junto a cada ítem que te describa.

Duro contigo mismo (autocrítico)	Amable contigo mismo
☐ Utilizo un lenguaje duro, crítico e irrespetuoso. (Por ejemplo, «¡Idiota! ¿No puedes hacer nada bien?»).	☐ Utilizo un lenguaje amable y con palabras de ánimo. (Por ejemplo, «Esto es difícil, sigue intentándolo»).
☐ Me fijo en lo malo que hay en mí. («Soy un inepto, un perdedor»).	☐ Recuerdo las cosas buenas que tengo.
☐ Soy poco tolerante con mis puntos débiles y con cualquier cosa que implique imperfecciones.	☐ Reconozco los defectos y puntos débiles y me acepto.
☐ Me considero un problema y me concentro en solucionarme a mí mismo. Suelo sentir vergüenza y exijo mejoras de forma impaciente. («Haz más, más rápido y mejor»).	☐ Soy paciente y comprensivo con mis imperfecciones; me concentro en ser más feliz y en desarrollarme y mejorar.

Duro contigo mismo (autocrítico)	Amable contigo mismo
☐ Ignoro mi sufrimiento y dolor.	☐ Reconozco el dolor y me detengo para reconfortarme a mí mismo.
☐ Siento como si fuera el único que experimento esto.	☐ Sé que todo el mundo sufre y lucha con sentimientos de falta de idoneidad; muchas personas se sienten igual que yo.
☐ Intento motivarme con miedo, enfado y castigos. (El perfeccionismo se ve impulsado por el miedo).	☐ Me motivo con amabilidad.
☐ Me siento dolido por mis juicios sobre mí mismo y por los juicios de otros sobre mí; me preocupo por la impresión que doy. («¿Qué ocurre si no estoy a la altura?»).	☐ No me preocupo mucho por las críticas. («¿¿Qué me importa si la gente no tiene buen concepto de mí? No es el fin del mundo si lo intento y fracaso»).
☐ Me echo la culpa a mí mismo.	☐ Intento entender lo difíciles que pueden ser las cosas, y después lo hago lo mejor que puedo.

¿Qué estilo de relación contigo mismo sientes en tu interior? ¿Qué te motiva más?

¿Cómo eres de autocrítico?

Ahora que has echado un vistazo a cómo reaccionas en los momentos difíciles, por favor, puntúa dónde te encuentras en la escala de autocrítica que ofrecemos a continuación.

Cuando las cosas salen mal, sueles ser:

1	2	3	4	5
Amable contigo	Algo autocrítico	Moderadamente autocrítico	Muy autocrítico	Ferozmente autocrítico

¿Qué es la autocomprensión?

La forma amable de relacionarnos con nosotros mismos se llama «autocomprensión», y conlleva muchos beneficios. La doctora Kristin Neff, la principal investigadora sobre la autocomprensión, explica que la comprensión conlleva sufrir junto con una persona (2011). Entonces, con la autocomprensión tenemos sentimientos tiernos y cálidos hacia nosotros mismos en los momentos difíciles. Es la regla de oro invertida: tratarte a ti mismo como lo haría un buen amigo o un ser querido. Si sientes autocomprensión, entonces, a la hora de la verdad, respondes a tu dolor con entendimiento y bondad.

Según Neff (2011), la autocomprensión tiene tres componentes:

1. **La conciencia plena de la angustia emocional** conlleva que reconocemos y observamos nuestros pensamientos, sentimientos y sensaciones corporales de una manera tranquila, no reactiva, algo distante. Nos limitamos a fijarnos en lo que sucede en ese momento en nuestro interior, observando desde cierta distancia, igual que podríamos observar cómo vaga una nube por el cielo. No hay juicios (buenos ni malos) sobre lo que experimentamos; simplemente aceptamos lo que experimentamos en este momento.

   - No ignoramos ni evitamos nuestro dolor, porque debemos ser conscientes del dolor para curarlo o reducirlo. Sorprendentemente, la conciencia plena de nuestro dolor ayuda a reducirlo y a superarlo.

   - Cuando surjan pensamientos autocríticos, cosa que sucederá, simplemente los observaremos con una aceptación curiosa («Hay un pensamiento crítico: es sólo un pensamiento»), sin dejarnos llevar por ellos ni preocuparnos.

   - Dar un paso atrás para observar el dolor sin obsesionarnos por él permite calmar la mente y el corazón. Y lo más importante, el aumento de la conciencia plena, con su actitud de autoaceptación, se ha relacionado con la mejora de la autoestima y la felicidad (Pepping, O'Donovan y Davis 2013).

2. **El sentido común de la humanidad** es la perspectiva de que todos estamos en el mismo barco: todos sufrimos. Esta perspectiva nos ayuda a sentirnos menos solos, menos aislados. Todo el mundo quiere ser feliz, amar y ser amado, tener éxito y crecer, y no sufrir. Sin embargo, todos, a veces, nos sentimos ineptos y vulnerables, tenemos defectos, cometemos errores y no conseguimos lo que queremos. Esta comprensión nos ayuda a no exagerar nuestro sufrimiento, porque somos conscientes de que otros han sufrido tanto como nosotros. No se está discriminando a nadie. Nadie es diferente ni mejor que otro. Todas las personas importan. Todo el mundo sufre.

149

3. **Ser amable y solidario contigo mismo** significa que respondes a tu propio dolor interiormente –con amabilidad, cálida comprensión, paciencia y profundo cuidado– en lugar de con duras críticas. En vez de condenarte a ti mismo, te ofreces consuelo, como lo harías con un niño que llora, preguntándote: *¿Cómo puedo aplicar calor, dulzura, aliento, comprensión curativa?*

La autocomprensión está estrechamente relacionada con el amor incondicional y la empatía. La «empatía» sostiene el dolor de alguien en tu corazón con una amable comprensión. La empatía acoge a la persona que sufre y dice: «No estás solo. Yo estoy aquí contigo». La empatía escucha sin intentar hablar a alguien de su dolor. Por el contrario, la empatía suaviza el dolor mediante su conexión abierta.

La autocomprensión no es compasión por uno mismo, que evita la responsabilidad de mejorar, ni autoindulgencia. De hecho, las personas con autocomprensión se sienten más motivadas a reconocer sus puntos débiles y a seguir trabajando en metas constructivas que aquellas que no la tienen. Al igual que la autoestima saludable, la autocomprensión está vinculada a una mayor felicidad y un mayor bienestar emocional, así como a menos depresión, ansiedad y vergüenza.

Al creer que todos estamos en el mismo barco, es menos probable que las personas con autocomprensión se consideren superiores o inferiores a los demás. Al comprender que todos cometemos errores, y que por ellos sufrimos, las personas con autocomprensión es más probable que perdonen. También tienden a ser más amables y a controlar menos a los demás.

La autocomprensión calma los duros juicios que dañan la autoestima. Es importante destacar que la autocomprensión nos ayuda a considerar a todas las personas, incluyendo nosotros mismos, como valiosas y dignas de recibir cuidados.

Es comprensible que hayas aprendido a ser autocrítico. Tal vez internalizaste los mensajes duros, autocríticos, maltratadores o distantes de quienes te criaron. Quizás nunca aprendiste a ser amable contigo mismo, a transmitir calidez emocional y mensajes calmantes y curativos. En su lugar, tal vez hayas crecido escuchando lo siguiente (adaptado de Schab 2013, 19):

- No eres suficientemente bueno.

- No lo estás intentando lo suficiente…, inténtalo más.

- Nunca lo lograrás.

- ¿Qué sucede contigo?

- ¡Idiota! ¡Perdedor!

- ¿No puedes hacer nada bien?

- ¿Por qué no puedes ser como tu hermana?

- Eres un inútil.

- No te quiero.

- Eres malo.

- ¿Por qué eres tan vago?

La autocrítica puede convertirse en habitual. Podríamos pensar que protege contra los juicios negativos del yo y de los demás, que nos mantiene en nuestro sitio y nos impide cometer errores. Como explica Neff (2011), la autocrítica puede proporcionar un falso sentido de superioridad («Al menos soy lo bastante inteligente como para ver lo inepto que soy, y lo bastante equitativo para castigarme por mis errores»). También puede alimentar un falso orgullo («Estoy tan acostumbrado a la excelencia que me resulta imposible fracasar»). Podemos incluso descubrir que la autocrítica ofrece una especie de protección («Voy a adelantarme a mi crítico progenitor, y así obtendré su aprobación»).

Sin embargo, a largo plazo, la autocrítica es agotadora y deprimente. Es un ataque emocional al yo. Al igual que un ataque físico, la autocrítica activa la respuesta de estrés, que con el tiempo elimina el placer y agota las energías.

Criticarse a uno mismo acaba con la motivación y la autoconfianza. Las angustiosas emociones vinculadas con la autocrítica generan impulsos para actuar de manera autodestructiva. Neff (2011) explica que el miedo genera el impulso de escapar y evitar nuestros problemas. La ira genera el impulso de atacar, de traspasar nuestro dolor a los demás y de ser crítico con ellos. La vergüenza genera el impulso de esconderse de la gente, de ocultar los defectos y de buscar soluciones rápidas a nuestros problemas. En cambio, la autocomprensión genera autoaceptación y la necesidad de crecer.

En resumen, la autocomprensión es un factor motivante mucho más eficaz que la autocrítica, un camino más efectivo hacia la salud psicológica, la paz interior y el crecimiento. Afortunadamente, mediante la práctica podemos aprender a reemplazar la autocrítica por la autocomprensión.

- En lugar de intentar suprimir o ignorar el dolor, que en realidad *aumenta* el tiempo que pasamos pensando en ello, aprendemos a prestar al dolor una atención completa y amable. Reconocemos que el dolor existe, y que es válido e importante.

- En lugar de estar en constante tensión y luchar contra el dolor, por el contrario, lo *aceptamos*. Curiosamente, cambiar nuestra respuesta al dolor de este modo suele aliviar el dolor. Es igual que coger y tranquilizar a un niño que llora. Al final, el niño deja de llorar y vuelve a jugar.

Podemos pensar en la autocomprensión como un amor incondicional por tu propio sufrimiento, que es lo que el siguiente ejercicio y los próximos tres capítulos te ayudarán a conseguir.

Practicar la conciencia plena: Un ejercicio

Comenzaremos a aumentar nuestra autocomprensión incrementando la capacidad de observar con atención. Este ejercicio, desarrollado por el doctor Christopher Pepping, ha demostrado mejorar la autoestima (reproducido con el permiso de Pepping, Davis y O'Donovan 2016). Encuentra un lugar cómodo y tranquilo para sentarte, donde no te molesten durante quince minutos. Sigue las instrucciones leyendo el guion o grabándolo y luego escuchándolo.

Ahora voy a llevarte por una meditación guiada de quince minutos. El propósito de esta meditación no tiene por qué ser sentirse más relajado o tranquilo, o mejor de como estábamos al comienzo de la meditación. El objetivo es simplemente practicar la atención plena. Tómate unos momentos para colocarte en una posición cómoda, adoptando la que permita que tu espalda esté recta, pero no rígida. Coloca los pies en el suelo. Si llevas gafas, puede que quieras quitártelas. Cierra suavemente los ojos si te sientes cómodo al hacerlo. Y si no, tal sólo encuentra un lugar en el suelo para concentrarte.

Siente todos los puntos de contacto entre tu cuerpo y la silla, y empieza a penetrar en la quietud. Empieza notando que puedes sentir tus pies sobre el suelo. Nota que puedes sentir la parte inferior de los pies en los zapatos. Siente sólo esto…, concentrando después la atención en la sensación de las palmas de las manos. Y presta atención a lo que tocas o a la sensación de contacto. O tal vez la sensación del aire o la temperatura del aire en las palmas de las manos. Y dirige toda tu atención y tu conciencia a esta parte del cuerpo.

Y a continuación concéntrate en la sensación de respirar. No estamos tratando de cambiar la respiración de ninguna manera. No tiene que ser más profunda, más lenta o más tranquila. Sólo presta atención a la respiración en este momento. Durante esta meditación utilizaremos la respiración como elemento base. Así que cada vez que descubras que tu mente vaga, y que comienzas a pensar o responder a sonidos o pensamientos cuando surgen, cada vez que te des cuenta de esto, una y otra vez vuelve traslada tu mente a la respiración, es decir, devuelve tu atención a cómo respirar. Y así ahora, durante los momentos siguientes, siéntate y concéntrate en la sensación de la inspiración y la espiración. Mantén la concentración en esa parte del cuerpo donde la respiración se siente más vívida o fuerte en tu caso. Puede ser el abdomen, el pecho, la nariz o la garganta. Tan sólo pon toda tu atención y conciencia en esa parte.

Cada vez que descubras que tu mente está vagando, devuelve tu atención suavemente a la respiración. Tal vez descubras que tu mente ya ha vagado. Está haciendo lo que hacen las mentes. Puede que detectes pensamientos sobre la meditación, sobre si la estás haciendo bien, sobre si es aburrida. Quizás tengas pensamientos sobre lo relajado y calmado que te sientes. Independientemente de cuáles sean tus pensamientos, ten en cuenta que son pensamientos;

son acontecimientos mentales que llegan a la mente, y con la misma facilidad, si se lo permites, también saldrán de ella y serán reemplazados por otros pensamientos. Es posible que detectes pensamientos extraños o aleatorios. Quizás te dediques a planear lo que vas a hacer durante el resto del día, o para mañana.

El propósito de una meditación de conciencia plena no es detener los pensamientos ni suprimirlos, resistirse o deshacerse de ellos. Es sólo para saber qué estás pensando, y después de nuevo trasladar tu atención a la respiración. Por eso tus pensamientos se convierten en un parloteo de fondo, como una radio que funciona en segundo plano. Están ahí, tu mente está charlando, y tú simplemente no estás atrapado en ella.

Sólo debes fijarte en tu respiración y en lo que está sucediendo en el momento presente.

Tan sólo pon tu atención donde se encuentre ahora la mente. Y si necesitas volver a la respiración, entonces vuelve a ella con tu mente de forma suave. También te gustará notar las reacciones cuando descubras que tu mente ha vagado al llevar la conciencia al centro de tus pensamientos. Tal vez experimentes una reacción consistente de no querer tener ese pensamiento, o que no deberías tenerlo en ese momento. Es posible, si te resulta difícil concentrarte, que tu reacción sea que eso no debe ser de ese modo, o que eso es difícil. Limítate a observar esos pensamientos como pensamientos que son: tu mente ofreciendo un comentario sobre lo que está pensando en este momento. Nada más y nada menos. Los pensamientos no son necesariamente ciertos. Los pensamientos no son necesariamente cosas en que hay que creer. Y los pensamientos no son necesariamente cosas sobre las que hay que actuar. Tan sólo deja que los pensamientos actúen, y devuelve tu atención a la respiración, sin importar lo que tus pensamientos te estén diciendo.

Por tanto, inspira y espira… simplemente observando la respiración, en este momento. Y ahora en este momento. Sólo inspira y espira. Sé consciente de todo lo que sucede, en cada momento, a medida que ocurre. Tus pensamientos van a estar allí, lo quieras o no. Así que puedes dejarlos ir. Pero pon tu atención en la experiencia de inspirar y espirar. Y deja que tus pensamientos vengan y vayan como quieran. Y puede que detectes temas en tus pensamientos; son los pensamientos «duros» y «aburridos». Son los pensamientos de «planificación». Tal vez sean autocríticos o preocupaciones por estar a la altura. Justo cuando detectes el tema de los pensamientos, simplemente recuerda que sólo son pensamientos y lleva tu atención de nuevo a la respiración.

Es posible que también estés tomando conciencia de los sentimientos y las sensaciones derivados de estar sentado durante este período de tiempo. Tal vez notes malestar, o picores, mientras permaneces sentado. Intenta experimentarlos sólo como sensaciones. Puede que detectes pensamientos como *Esto duele de verdad*, *Esto es insoportable* o *Tengo que rascarme*. Y de nuevo, sólo porque sean pensamientos no significa que sean reales o que tengas que obedecerlos. Limítate a estar dispuesto a experimentar los pensamientos y las sensaciones, permanece abierto a permitirles estar allí. Mantén los pensamientos o sensaciones en una parte de la conciencia, y concéntrate en la respiración al mismo tiempo.

Y observa la reacción de tu mente. Tal vez tu mente se sienta irritada. Tal vez te esté diciendo que te rasques o que te muevas. Y si decides moverte, o rascarte, hazlo atentamente. Y después vuelve a la respiración, permitiendo que las cosas sean tal como son. Sólo inspira y espira. Deja que los pensamientos y las sensaciones apenas entren en la conciencia y después salgan de ella. Y sigue concentrado en tu respiración. La plenitud es la conciencia de todo lo que está sucediendo en el momento presente. Simplemente permite que esté presente la conciencia. Debes estar dispuesto a tener la experiencia que estás teniendo. Y únicamente inspira y espira.

Sé consciente de lo que sucede en el momento presente. Si descubres que te pierdes en los pensamientos, tan sólo ten en cuenta adónde se fue tu mente. Y lleva tu mente de vuelta a la respiración. Podrías descubrir que la charla de fondo se vuelve menos perceptible. O tal vez no. Independientemente de lo que esté pasando… simplemente vuelve a la respiración.

Y ahora lleva tu atención y conciencia a la sensación de tu cuerpo sobre la silla y a todos los puntos de contacto entre tú y la superficie. Y ahora tan sólo observa que puedes sentir los pies en el suelo. Nota que puedes sentir la parte inferior de los pies sobre tus zapatos.

A continuación, presta atención a las palmas de las manos. Estén tocando la silla o tu cuerpo, o aunque sólo puedas sentir en ellas la temperatura del aire…, lleva tu atención a las palmas de las manos. Ahora suavemente concentra tu atención y tu conciencia en la habitación que te rodea. Y cuando estés listo, abre los ojos y vuelve a la habitación.

Antes de apresurarte a comenzar el día, tómate un momento para notar cómo te sientes ahora. ¿Cómo se siente tu cuerpo? ¿Tu mente? Normalmente uno se nota más tranquilo, más en paz; que el simple hecho de aceptar lo que hay, sin luchar, resistir, tratar de cambiar las cosas o juzgar, conlleva tranquilidad. Sientas o no relajación, limítate a observarlo con interés, sin valorarlo. Ésa es la esencia de la conciencia plena.

Practica este ejercicio al menos una vez al día, durante los próximos cuatro días. Trata de relajarte con lo que notes, de un modo amable, curioso, sin valoraciones. Todo lo que pienses, sientas o notes será correcto. Instálate en el presente con cualquier cosa que surja, sin reaccionar a ella. Simplemente responde a ella aceptándola.

CAPÍTULO 23

Afrontar el dolor con autocomprensión

La curiosa paradoja es que, cuando me acepto tal como soy, entonces puedo cambiar.

—Carl Rogers

La comprensión a veces se llama amistad amable, amabilidad cariñosa, profunda preocupación, preocupación genuina o empatía. Este capítulo ayuda a cultivar la comprensión, primero hacia los demás y luego hacia ti mismo.

Prueba estos ejercicios, adaptados de Schab (2013, 133-137).

Plantar las semillas de la comprensión: Una actividad

Anota el nivel de preocupación o empatía que sentirías por cada una de las siguientes personas o animales en una escala de 1 (baja) a 10 (alta). Luego anota el sentimiento o sentimientos que mejor describen tu reacción a las situaciones. Escribe el tuyo, o elige de la lista siguiente:

- Dolor
- Tristeza
- Desesperación
- Odio

1. Tu amigo, cuyo padre ha muerto.

Preocupación/empatía: _____ Sensación(es): _____

2. Tu mejor amigo se está muriendo.

Preocupación/empatía: _____ Sensación(es): _____

3. Un cachorro cojeando en la calle, bajo la lluvia.

Preocupación/empatía: _____ Sensación(es): _____

4. Una persona que salió en las noticias y que lo perdió todo en un huracán.

Preocupación/empatía: _____ Sensación(es): _____

5. Un niño que tiene una enfermedad terminal.

Preocupación/empatía: _____ Sensación(es): _____

6. Un niño discapacitado que camina con muletas.

Preocupación/empatía: _____ Sensación(es): _____

7. Tu padre o abuelo, que está envejeciendo.

Preocupación/empatía: _____ Sensación(es): _____

8. Un ser querido que ha sido duramente criticado por otro miembro de la familia.

Preocupación/empatía: _____ Sensación(es): _____

9. Un gatito ciego.

Preocupación/empatía: _____ Sensación(es): _____

10. Una persona sin hogar en la calle.

Preocupación/empatía: _____ Sensación(es): _____

11. Alguien a un lado de la autopista y cuyo coche se ha averiado.

Preocupación/empatía: _____ Sensación(es): _____

12. Un amigo que ha perdido a un hijo en un accidente automovilístico.

Preocupación/empatía: _____ Sensación(es): _____

13. Una familia que perdió a un hijo por suicidio.

Preocupación/empatía: _____ Sensación(es): _____

Marca cualquiera de las siguientes afirmaciones que tal vez utilices cuando hablas comprensivamente.

☐ «Lamento que te haya pasado esto».

☐ «¿Cómo podría ayudar?».

☐ «¿Te encuentras bien?».

☐ «Dime qué puedo hacer».

☐ «Deseo ayudar».

☐ «Todo irá bien».

☐ «Yo te ayudaré con esto».

☐ «Me preocupo por ti».

☐ «Irá a mejor».

☐ «Me alegra que me hayas hablado de esto».

☐ Otra afirmación:

Rodea con un círculo las acciones comprensivas que harías de buen grado.

Escuchar

Aportar energía

Aportar tiempo

Ofrecer ayuda económica

Dar un abrazo

Prestar atención

Ofrecer apoyo emocional

Dar una palmadita afectuosa a alguien en la espalda o en el brazo

Otra acción:

Elige dos de las situaciones anteriores (1-13) y describe cómo tratarías a esa persona o animal comprensivamente.

Número _____

Lo que diría: _____

Lo que haría: _____

Número _____

Lo que diría: _____

Lo que haría: _____

Ahora prueba esto

¿Cuáles son tus pensamientos y sentimientos sobre tratarte a ti mismo comprensivamente?

_____

_____

_____

Tal vez no estés acostumbrado a tratarte comprensivamente a ti mismo, pero si sabes cómo tratar a otros, entonces también sabrás cómo tratarte a ti mismo. Piensa en las palabras y acciones comprensivas que se enumeran arriba, y describe cómo podrías mostrar comprensión por ti mismo en las siguientes situaciones.

Has tenido un día duro.

Palabras comprensivas: _____

Acciones comprensivas: _____

Decepcionas a tu jefe.

Palabras comprensivas: _____

Acciones comprensivas: _____

Te decepcionas a ti mismo.

Palabras comprensivas: _____

Acciones comprensivas: _____

Alguien se enfada contigo por algo que has hecho.

Palabras comprensivas: _____

Acciones comprensivas: _____

Has cometido un gran error.

Palabras comprensivas: _____

Acciones comprensivas: _____

Alguien te ha criticado.

Palabras comprensivas: _____

Acciones comprensivas: _____

La siguiente actividad está adaptada, con permiso, del excelente sitio web del doctor Kristin Neff, http://www.self-compassion.org. Es una habilidad muy efectiva para cuando sientas sufrimiento emocional en cualquier circunstancia difícil. Cuando estés molesto, triste, autocrítico o herido, pruébala. (Primero prueba esta actividad cuando no estés demasiado angustiado; conforme te sientas más cómodo con ella, podrás usarla en momentos más angustiosos.)

La meditación básica de la autocomprensión

Permítete ponerte de verdad en contacto con todos los sentimientos y las sensaciones difíciles. Recuerda la frase «Lo que yo siento está bien. Déjame sentirlo». Coloca ambas manos suavemente sobre tu corazón. Siente el calor en tus manos, la elevación y el descenso rítmicos de tu pecho. Quizás masajees o calmes la zona del corazón. Inhala comprensión al inspirar, imaginando un afecto calmante y bondad para ti mismo. Repite estas cuatro afirmaciones en silencio o en voz alta, suavemente, con una aceptación amable. Observa que la primera es una declaración de conciencia plena, la segunda de humanidad compartida y las dos últimas de bondad.

1. Éste es un momento de sufrimiento.

2. El sufrimiento forma parte de la vida.

3. Quiero ser amable conmigo mismo en este momento.

4. Puedo darme la comprensión que necesito.

Con cada respiración, siente que una amable comprensión llena tu corazón y calma tu cuerpo.
Cuando hayas terminado de repetir las cuatro frases varias veces, observa si el momento presente es algo menos difícil que un rato antes.

Memoriza las cuatro afirmaciones y utilízalas en cualquier momento difícil. Si lo prefieres, puedes experimentar con otras afirmaciones, como las de la tabla siguiente.

Conciencia plena	Humanidad compartida	Amabilidad
Esto es difícil. Esto se pone difícil en este momento. Duele sentir eso ahora. Sí, hay dolor. Tengo que esforzarme con esto. Es duro y necesito cuidados.	Todos sufrimos. El sufrimiento forma parte del ser humano. Todas las personas sufren. Es normal sentirse de este modo. Muchos otros han experimentado aquello por lo que yo estoy pasando.	Quiero pasar este dolor con cuidados. Quiero ser lo más amable posible. Quiero ser comprensivo. Siento que te duela. Este sufrimiento merece comprensión y consuelo. «Tranquilízate, cálmate, admite».* «Soy un ser humano que sufre».* «Quiero ser amable y comprensivo conmigo mismo».*

* De Neff 2011, 114, 49, 119, respectivamente.

Momentos difíciles: Una actividad

Escribe cuatro afirmaciones para usar durante todo el día: una para la conciencia plena, otra para la humanidad compartida y dos para acoger tu dolor con amabilidad. Memorízalas. Luego utilízalas en tres momentos difíciles del día, durante cuatro días consecutivos. Lleva un registro relacionado con cómo la práctica influye en tus pensamientos, sentimientos y sensaciones corporales.

Afirmación 1. (conciencia plena): _____

Afirmación 2. (humanidad compartida): _____

Afirmación 3. (amabilidad): _____

Afirmación 4. (amabilidad): _____

	Momento difícil	**Efectos sobre los pensamientos, sentimientos y sensaciones corporales**
Día uno/Fecha: 1. 2. 3.		
Día dos/Fecha: 1. 2. 3.		
Día tres/Fecha: 1. 2. 3.		
Día cuatro/Fecha: 1. 2. 3.		

CAPÍTULO 24

Experimentar autocomprensión a nivel del cuerpo

¿Alguna vez has notado dónde experimentas emociones negativas? Normalmente, la gente dice que está en sus cuerpos, no en sus cabezas. Cambiar nuestro pensamiento negativo a menudo puede suavizar las emociones negativas. Sin embargo, muchas personas descubren que calmar el cuerpo puede ser más eficaz que tratar de luchar contra los pensamientos negativos. Hemos aprendido que tratar de suprimir, evitar o librarnos de los pensamientos y los sentimientos negativos en realidad aumenta nuestra conciencia de ellos. El enfoque que vamos a examinar en este capítulo *reconoce* la existencia del dolor, cambiando sólo la forma en que *respondemos* al dolor. La nueva respuesta es una autocomprensión no valorativa a nivel del cuerpo.

Autocomprensión y amabilidad cariñosa

La meditación suave, calmante y permisiva dura unos quince minutos.

1. Siéntate cómodamente en un lugar tranquilo o da un paseo en solitario.

2. Haz una pausa para notar tu respiración, concentrándote en todas las sensaciones, mientras inspiras y espiras, como por ejemplo la elevación y el descenso del pecho, y el aire que entra y que sale. Descansa en tu respiración, dejando tu mente clara, disfrutando de un momento de silencio tranquilo y calmado.

3. Elige un momento difícil que perjudique tu autoestima o que cause emociones dolorosas, como por ejemplo vergüenza, dolor, preocupación, soledad, culpa, miedo o rechazo.

4. Recordando el sufrimiento, sé consciente de la fuente del sufrimiento y de los sentimientos resultantes. Tal vez te sientas asustado, decepcionado, inepto, sin valor, enfadado o aislado. Limítate a observar y nombrar los sentimientos, sin involucrarte demasiado en la línea temporal. Observa los sentimientos sin juzgarlos como buenos o malos. Lo que sientas estará bien.

5. ¿Cuál es la emoción más incómoda ahora? Con una aceptación amable y sin resistencias, observa en qué parte de tu cuerpo notas la sensación más incómoda. Tal vez sientas opresión en la cabeza, los hombros o la garganta; tensión en la frente o los ojos; pesadez en el corazón; el estómago que da vueltas; o entumecimiento. A continuación, intenta describirte a ti mismo la sensación, como por ejemplo «entumecido», «tenso», «frío», «caliente» u «hormigueo».

6. Con una curiosidad amable, observa si el daño aumenta con la dura autocrítica, al lamentarte por no haber estado a la altura o al exigir alcanzar la perfección. Limítate a observar sin juzgar. Saluda incluso las duras críticas con una conciencia amable. Podrías llegar a dar las gracias a tu duro crítico interior por intentar ayudarte. Permite que se suavice la zona que mantiene la incomodidad. Tan sólo siéntete tranquilo y calmado con el malestar.

7. la tu mano suavemente sobre ese punto, de modo que se calme, se reconforte y se tranquilice. Quizá acariciando suavemente, acariciando o frotando esa área en forma de círculos pequeños y tranquilizadores, de cualquier forma que transmita cariño, ternura, amor o consuelo. Si no te puedes tocar físicamente, imagina un toque relajante en esa área. O bien intenta darte un cálido abrazo o apretón. Tan sólo permite que la incomodidad esté allí. No la combatas ni la fuerces. Ahora estás a salvo.

8. Deja que tu rostro exprese una media sonrisa suave, tranquila y cariñosa. Piensa en un padre mirando afectuosamente a un niño que duerme, mientras observas tu dolor.

9. Inspira una comprensión calmante y llévala a esa parte del cuerpo con cada inspiración. Con cada espiración, suelta la tensión.

10. Siempre que te descubras pensando –tu mente vagando, juzgando, preocupándose o criticando– lleva suavemente tu atención hacia esa parte del cuerpo, inspirando y espirando desde esa zona del cuerpo. Conforme lo haces, repite la frase «suaviza, calma, permite». Fíjate en qué cambia mientras lo haces. Tal vez la tensión disminuya, se disipe o desaparezca. Sea lo que fuere lo que ocurra, o no ocurra, limítate a quedarte con ese curioso interés.

11. Ahora deja que se disuelva la conciencia de la zona del dolor, a medida que trasladas la conciencia a todo tu cuerpo: tu respiración, tus movimientos, todas las sensaciones, tus sentimientos de cuidado hacia lo que estás pasando. Recuerda que todos somos imperfectos, recuerda que la vida es imperfecta. Si nos abrimos a todo esto, podemos ser felices incluso ante el sufrimiento.

12. Para finalizar, refuerza la intención de ser comprensivo. Coloca las manos sobre el corazón mientras repites lo siguiente:

- Quiero estar seguro.

- Quiero estar en paz.

- Quiero ser amable conmigo mismo.

- Quiero aceptarme tal como soy.

Mientras sigues repitiendo estas frases, ofrece bondad y compasión, de la misma manera que ofrecerías un amable apoyo a un buen amigo que se siente mal. Observa las manos sobre tu corazón. Respira más profundamente varias veces. Ponte en contacto con lo que se siente al experimentar una comprensión…, quizás cálida, abierta, valiente, pacífica o auténtica. Los buenos sentimientos también forman parte de la experiencia humana. Recuerda que todos estamos en el mismo barco. Disfruta de la experiencia de dirigir la buena voluntad hacia ti. Si tu mente divaga, limítate a refrescar las frases en tu mente.

13. Cuando estés listo, date las gracias por ser un buen amigo que sabe ayudar. Estírate y luego sigue con tus actividades diarias.

Esta meditación puede ser un procedimiento muy eficaz de lidiar con momentos difíciles sin pensar demasiado ni vernos arrastrados por el drama. Las frases del paso doce son intenciones de amabilidad cariñosa. Poner en práctica esas frases ha demostrado conferir una amplia gama de beneficios emocionales y físicos, incluyendo una mayor autocomprensión (Davidson 2007), autoaceptación y emociones positivas (Fredrickson *et al.* 2008), además de menos autocrítica (Shahar *et al.* 2015).

Practica esta meditación al menos una vez al día, durante cuatro días. Completa el registro de la página siguiente para realizar un seguimiento de tus progresos.

	Fecha	Hora del día	Efectos sobre el cuerpo	Efectos sobre las emociones
1.				
2.				
3.				
4.				

Nota: La investigación (Hutcherson, Seppala y Gross, 2008) ha demostrado que la práctica de dirigir intenciones de amabilidad cariñosa a otras personas aumenta los sentimientos positivos hacia ellas. Para aumentar la comprensión por los demás, repite esta meditación, recitando: «Quiero que estés seguro, que estés en paz, que seas amable contigo mismo, que te aceptes tal como eres».

Este capítulo está adaptado, con permiso, del sitio web del doctor Kristin Neff, http://www.self-compassion.org. La meditación suave, calmante y permisiva forma parte del Programa de Autocomprensión Plena, http://www.CenterforMSC.Org, y lo creó el doctor Chris Germer. Las intenciones de amabilidad cariñosa del paso 12 proceden de la Meditación de Autocomprensión/Amabilidad Cariñosa.

CAPÍTULO 25

Llevar un diario de comprensión

Nuestras propias heridas pueden ser vehículos para explorar nuestra naturaleza esencial,
revelando las texturas más profundas de nuestro corazón y nuestra alma, con sólo sentirnos
unidos a ellos, abrirnos al dolor [...] sin reprimirnos, sin culpa.
—Wayne Muller

Como explicamos en el capítulo 22, todo el mundo sufre. La mayoría de la gente tiene recuerdos dolorosos de su niñez y su vida adulta. El doctor James Pennebaker, profesor de Psicología de la Universidad de Texas en Austin, ha dirigido una investigación sobre el acto de llevar un diario de los momentos difíciles y los trastornos emocionales, incluidas las experiencias traumáticas. Argumenta que ignorar o mantener fuertes emociones negativas no es saludable, y que escribir sobre los momentos difíciles es beneficioso. Pennebaker ha solicitado a muchos grupos de personas que escribieran sobre sus experiencias más difíciles: supervivientes del Holocausto; veteranos de guerra; personas cuyos cónyuges se suicidaron o murieron en accidentes de tráfico; víctimas de desastres naturales, divorcios, abusos o despidos laborales; estudiantes universitarios «normales», y otras personas. Normalmente escriben veinte minutos al día, durante cuatro días, expresando sus pensamientos y sus sentimientos más profundos sobre sus experiencias.

Desde los años ochenta, más de trescientos estudios han apoyado el razonamiento de Pennebaker. Físicamente, quienes llevan un diario experimentan un mejor sueño, menos dolor y menos enfermedades. Psicológicamente, muestran mayor bienestar y felicidad, y menos depresión, ansiedad, enfado, vergüenza y preocupaciones. Llevar un diario incluso mejora la capacidad de pensar y el rendimiento laboral.

¿Por qué es beneficioso llevar un diario?

Intentar *no* pensar en los recuerdos dolorosos consume grandes cantidades de energía y hace que el dolor no cambie. Paradójicamente, prestar una atención respetuosa a nuestro dolor ayuda a aliviarlo y reducirlo, de modo que podamos superarlo.

Escribir de una forma segura y tranquila calma las cosas. Nos permite entrar en contacto y honrar todas las partes de nosotros mismos –quiénes somos–, incluso en los momentos difíciles–. Nos ayuda a comprendernos mejor, a nosotros mismos y a nuestras dificultades. Nos permite llevar una comprensión curativa a las heridas psicológicas y recuperar la sensación de totalidad.

Cuando honres tu dolor, verás con mayor claridad que existe autoestima tanto dentro como fuera de tu dolor. Cuando afrontes, en lugar de evitar, el dolor, probablemente descubrirás varias cosas.

- Una sensación de alivio al liberar secretos que habías guardado mucho tiempo.

- Puntos fuertes que te permitieron pasar momentos difíciles, y que tal vez te protegieron a ti, o a otras personas, de sufrir más daño.

- Resiliencia y confianza en que puedes afrontar el presente porque lograste superar los momentos más difíciles.

- Distintas maneras de interpretar el evento y de aceptarlo con más calma.

- Oportunidades para responderte a ti mismo con comprensión, en lugar de duras valoraciones y autocríticas.

- Oportunidades para reafirmar tu valor, tu creencia en tu yo auténtico y tu esperanza para el futuro.

- Gratitud por lo que te queda (por ejemplo, amigos, habilidades, sentidos, comida, educación, oportunidades y belleza).

- Procedimientos para redirigir tu atención hacia aspectos más positivos de la vida.

- Procedimientos para crecer y dar un nuevo significado a tu vida.

¿Quién se beneficia del hecho de llevar un diario?

Casi todas las personas se benefician si llevan un diario, independientemente de su sexo o país de residencia, porque mantener secretos sobre acontecimientos traumáticos parece generar propensión a padecer problemas médicos y psicológicos. Los hombres, y todas las personas, que estén enfadados, o sin contacto con sus emociones, se benefician especialmente.

El diario es útil para todos los acontecimientos traumáticos y adversidades, especialmente si el evento fue inesperado, no deseado y es difícil de expresar. Si sigues preocupado por el pasado, piensas en ello a menudo y derrochas bastante energía tratando de evitar pensar en ello, puede ser útil probar a llevar un diario. Los mayores beneficios parecen tener lugar en quienes quisieron confiar en otros, pero nunca lo han hecho.

Pautas y consideraciones

- Es bueno establecer un ritual de escritura: escribir a la misma hora cada día y dejar tiempo para reflexionar después. Los momentos ideales pueden ser los fines de semana, durante las vacaciones o al final del día. Escribe en un entorno privado, cómodo y seguro, como una habitación propia, una biblioteca, una cafetería o un parque. Es mejor escribir cuando las condiciones son inferiores a las ideales que no escribir en absoluto. Utiliza un cuaderno, una agenda, hojas de papel, lo que prefieras.

- No escribas hasta que te sientas listo. Antes de escribir sobre un evento traumático, probablemente será mejor esperar varias semanas después de su ocurrencia para permitir que las cosas se asienten emocionalmente.

- Lógicamente, al escribir sobre experiencias dolorosas puedes experimentar un pequeño cambio en tu estado de ánimo. Es posible que te sientas triste o incluso deprimido, especialmente en el primer día o dos. Esto es normal. Estos sentimientos suelen durar unos minutos, o a veces horas, y raramente un día o dos. Puede que te sientas igual que después de ver una película triste. Algunas personas lloran mientras escriben, o sueñan con acontecimientos pasados. Sin embargo, después, la mayoría de la gente siente alivio y satisfacción durante hasta seis meses. Suelen informar de que entienden mejor el pasado y que ya no les duele pensar en ello.

- Si sientes que escribir puede llevarte a descubrir alguna experiencia difícil, relájate, escribe sobre otro tema, o simplemente deja de escribir. Si escribir durante al menos cuatro días no te hace sentir mejor, plantéate la idea de buscar la ayuda de un profesional de salud mental especializado en eventos traumáticos (consulta la sección «Recursos recomendados» para localizar a un especialista en eventos traumáticos). Pennebaker señala que, entre sus miles de sujetos de investigación, nadie ha perdido el control. Sólo tres acudieron a un psicólogo, y los tres quisieron continuar con el estudio de escritura en el que estaban involucrados.

- Después de cada sesión de escritura en el diario, observa el grado en el que expresaste tus pensamientos y sentimientos más profundos, y presta atención a cómo te sientes ahora. Piensa en lo valiosa que ha sido la escritura del día. En el transcurso de los cuatro días, observa si algo ha variado o cambiado en tu estado de ánimo o comprensión.

El ejercicio de escritura de cuatro días que ofrecemos a continuación ha sido el más rigurosamente demostrado. Pruébalo durante cuatro días, sin leer después de escribir. A continuación, puedes probar los enfoques adicionales que explicamos.

Diario básico de cuatro días: Un ejercicio

1. Encuentra un lugar tranquilo donde no te interrumpan por lo menos durante veinte minutos. Un lugar neutro, como una mesa colocada en la esquina de una habitación, irá bien.

2. Escribe continuamente, durante unos veinte minutos, sobre lo que más te preocupe: lo que te mantiene despierto por la noche, a lo que das vueltas, lo que intentas evitar. Lo ideal es que fuese algo que no se haya hablado detalladamente con otras personas. No te preocupes por la gramática, la ortografía o la puntuación.

3. Describe claramente el evento. ¿Qué pasaba antes? ¿Qué sucedió durante y después? ¿Quiénes fueron los personajes principales? ¿Qué están haciendo, sintiendo y pensando? ¿Qué estabas haciendo, pensando y sintiendo? ¿Cómo te ha afectado la experiencia? ¿Cómo ha afectado a otros? *Explica tus pensamientos más profundos, y especialmente tus sentimientos más profundos, acerca de la experiencia.* Haz que tu escritura sea personal y sincera, no distante o intelectual. Nombra y acepta todos los sentimientos. (Recuerda que «Lo que yo siento está bien»). Puedes explorar cómo se relaciona este evento con tu infancia; tus relaciones con familiares, amigos, amantes y otras personas de importancia; tu trabajo, y tu lugar en la vida. Puedes vincular el evento con quien hayas sido en el pasado, quien seas ahora y en quien te gustaría convertirte. ¿El evento ha cambiado la forma en que otros te ven? ¿Cómo te ves? Está bien empezar con lagunas evidentes Durante los cuatro días, es probable que muchos de estos aspectos se aclaren.

4. Puedes escribir sobre el mismo evento durante los cuatro días. Muchos descubren que la comprensión se profundiza y que tiene lugar una sensación de término durante el transcurso de los cuatro días. Sin embargo, no hay problema si ves que pasas a otro tema. El evento traumático puede expandirse y afectar a otras áreas de la vida, como por ejemplo problemas de matrimonio. Confía en el lugar adonde te conduce tu escritura, siempre y cuando los temas sean emocionalmente importantes. Si te descubres escribiendo sobre distracciones triviales, vuelve al evento complicado. Si te aburres escribiendo sobre él, y la dolorosa experiencia parece haber quedado solucionada, pasa a otro tema preocupante. Piensa en cualquier tema que hayas estado evitando.

5. Escribe sólo para ti. Si te preocupa que alguien lo lea, no podrás escribir lo que sientes sinceramente. Oculta o destruye lo que has escrito si temes que alguien pueda verlo.

6. Si puedes, intenta escribir cuatro días consecutivos. No hay problema en omitir días, pero cuanto antes termines el ejercicio de escritura, mucho mejor. Si es necesario, puedes adaptarte a escribir de otro modo que funcione mejor para ti (por ejemplo, una vez a la semana durante cuatro semanas).

7. Escribe por lo menos veinte minutos durante cuatro días. Puedes escribir más días si descubres que la escritura genera otros temas en los que pensar.

8. Si escribes todos los días y descubres que estás escribiendo sobre el mismo tema con poca variación en las palabras o escaso alivio, tal vez haya llegado el momento de tomarse un descanso en la escritura, o al menos apartarse de este tema.

9. Si un tema te altera demasiado, relájate. Aproxímate gradualmente, prueba un tema diferente o deja de escribir.

10. Puedes probarlo antes de acostarte si asocias el insomnio con recuerdos invasivos a la hora de dormir. Llevar un diario es un procedimiento útil para aceptar las preocupaciones, en lugar de luchar contra ellas, y para limpiar la mente.

11. Saca tu diario en cualquier momento futuro en que lo creas necesario, todo el tiempo que consideres mejor. Las investigaciones han descubierto beneficios en el hecho escribir durante sólo unos minutos, hasta llegar a treinta.

Después del ejercicio del diario de cuatro días

Los beneficios adicionales pueden provenir del hecho de realizar ejercicios extra relacionados con el diario, tal vez abordando diferentes enfoques. Después de completar el ejercicio del diario de cuatro días, concédete por lo menos dos o tres días antes de revisar lo que escribiste. Considera lo siguiente:

• En el transcurso de los cuatro días, ¿te resultó más fácil dejarte ir y abrirte, expresando tus pensamientos y sentimientos más profundos? ¿Has sentido una sensación de completitud y más entendimiento después de esos cuatro días? ¿Te ayudó la escritura adicional?

• Durante los cuatro días, ¿repetiste lo que habías escrito, lo cual indica que el procesamiento está bloqueado? ¿O te abriste a otros aspectos o perspectivas? ¿Cómo podría lo que viene a continuación ayudar a ampliar tu perspectiva de modo beneficioso?

• ¿Reconociste los resultados malos y buenos, lo cual incrementa el beneficio de la escritura? ¿Qué has perdido y qué has ganado como resultado de este proceso?

- ¿Tu escritura contenía emociones negativas y positivas? Es útil reconocer los sentimientos negativos sin dar vueltas a la compasión por uno mismo y sin hacerte daño. Sin embargo, la adición de emociones positivas aumenta los beneficios del diario. ¿Tu escritura incluye palabras positivas como «amor», «cariño», «valentía», «divertido», «calidez», «dignidad», «aceptación», «calma» o «significado»? Puedes intentar reemplazar las emociones negativas como «triste», «tenso», «preocupado» o «desanimado» por expresiones más positivas, como «no feliz», «no tranquilo» o «acabó con mi ánimo positivo habitual».

- Es útil usar palabras como «causa», «efecto», «razón», «razonamiento», «comprender», «darse cuenta», «saber» y «significado». Esas palabras ayudan a entender mejor la historia, dar sentido a la experiencia y construir significado.

Ten en cuenta que expandir tu perspectiva no es un pensamiento positivo falso que minimice el dolor o el acontecimiento traumático. (Afirmaciones como «mantén el labio superior rígido» o «Te reirás de esto algún día» no resultan útiles). Más bien se trata de buscar activamente beneficios reales, como una mayor comprensión, una perspectiva más amable, sabiduría o un cambio constructivo en la dirección de tu vida. Tal vez surja el tema de buscar u ofrecer perdón (*véase* el capítulo 31).

Si estás bloqueado, trata de retroceder y escribir sobre el evento desde una perspectiva diferente.

Aquí hay algunas posibilidades.

- Cambiar a tercera persona cuando escribas sobre ti mismo (por ejemplo, «él sentía…»).

- Indica lo que te gustaría que otros supieran.

- Los pronombres personales en singular (yo, me, mío) sugieren concentración en uno mismo, lo cual es bueno. No obstante, trata de escribir sobre otras personas y sus perspectivas.

- Escribe una carta comprensiva a un buen amigo que imaginas que sufrió una experiencia similar. ¿Qué podría haber estado experimentando el amigo en ese momento? ¿Qué consejo, palabras de ánimo u otras expresiones de bondad, preocupación o comprensión darías? ¿Qué podría aprender tu amigo sobre sí mismo o la vida? ¿Cómo podría crecer tu amigo?

- Escribe una carta, de un amigo comprensivo real o imaginario, a ti mismo (Neff 2011). Este amigo te conoce –tus puntos fuertes, tus debilidades y los desafíos que has afrontado– y te ama y acepta incondicionalmente. Tu amigo entiende que los seres humanos son imperfectos, y también sabe que son mucho más que sus defectos. ¿Qué te diría ese amigo? ¿Cómo te transmitiría ese amigo afecto y apoyo (por ejemplo, «Me preocupo por ti», «Quiero que seas íntegro y feliz», «Sólo eres humano»)? Tal vez ese amigo te conozca lo suficiente como para decir: «Te pareces a un padre crítico. Debe ser muy difícil ser tan crítico, cuando todo lo que realmente quieres es ser aceptado y amado para que puedas ser mejor. Sé que estás tratando de mantenerte a la altura y de mejorar. ¿No sería la amabilidad y los ánimos mejores que la autocrítica?». Si necesitas hacer cambios en tu vida, ¿cómo podría ese amigo sugerir respetuosamente estos cambios? Nota cómo se siente tu cuerpo al escribir esta carta comprensiva, y deja que surjan sentimientos de comprensión. Deja la carta a un lado cuando hayas terminado. Vuelve después de un día o dos para releer la carta y dejar que los sentimientos de comprensión se asimilen mejor.

- Además honrar tu sufrimiento, podrías preguntar: «¿Hay algo sobre el evento perturbador, o durante el momento que sigue al evento, que me haga sentir agradecimiento?». Por ejemplo, ¿alguien te protegió, te ayudó o enriqueció tu vida de algún modo? ¿Hay alguna parte de ti que te proteja de sufrir más daño? ¿Todavía tienes amigos, amor o esperanza? ¿Has descubierto quizás la capacidad de responder con mayor autocomprensión?

- ¿Escuchaste mensajes malos o negativos durante o después? ¿El evento te hizo volver a recordar los antiguos mensajes críticos antiguos que tal vez hayas escuchado de tus padres u otras personas? ¿Podrías reemplazar esos mensajes por respuestas comprensivas? En lugar de «No eres lo suficientemente bueno», «Eres un fracasado», o «¿Por qué eres tan estúpido?», podrías decir: «Esto ha sido difícil. He hecho el máximo esfuerzo. La próxima vez probablemente seré más sabio». Podrías darte un abrazo mientras pronuncias estas declaraciones más amables.

- Reafirma las fuerzas actuales de tu mente, tu cuerpo y tu espíritu. Identifica las épocas en que sobreviviste o demostraste fuerza, como por ejemplo mediante perseverancia, sabiduría, determinación o una buena toma de decisión.

- Describe el camino a seguir. ¿De qué manera estos acontecimientos pasados guiarán tus pensamientos y acciones en el futuro?

Este capítulo resume el trabajo del doctor James W. Pennebaker (1997) y de Pennebaker y John F. Evans (2014). Las pautas y las instrucciones para hacer confidencias, y el resumen de la investigación adjunta, se reproducen con permiso.

CAPITULO 26

Una visión general del amor incondicional

En esta sección del libro hemos explorado algunas ideas muy importantes y habilidades relacionadas con el segundo bloque de construcción de la autoestima, el amor incondicional. Dado que este factor es tan importante, revisemos algunas de las ideas y habilidades clave.

Ideas de apoyo

1. El amor por el yo interno es un sentimiento saludable. Es también la actitud de querer lo mejor para uno mismo y una decisión que se toma diariamente.

2. La salud psicológica y el crecimiento dependen del amor por el yo interno.

3. El amor se aprende y adquiere mediante la práctica.

4. Cada uno es responsable de cultivar el amor por su yo interno. Podemos contar con este amor, aunque no podamos contar con el amor de los demás.

Habilidades adquiridas

1. Encontrar, amar y curar el yo interno.

2. Descripciones amables y cambio de canal.

3. Círculo de diversos talentos.

4. Reconocer y aceptar las cualidades positivas.

5. Cultivar la valoración corporal.

6. Reforzar y fortalecer la valoración corporal.

7. Utilizar la habilidad *aunque… no obstante.*

8. Meditación de ojos de amor.

9. Gustarnos la cara que vemos en el espejo.

10. Vernos a través de los ojos cariñosos.

11. Experimentar el amor a nivel del corazón.

12. Ser plenamente consciente del sufrimiento.

13. Meditación de autocomprensión básica.

14. Experimentar comprensión personal a nivel corporal.

15. Diario comprensivo.

A fin de reforzar estas importantes ideas y habilidades, por favor, tómate unos momentos para responder a las siguientes preguntas. Es posible que desees volver a examinar las páginas anteriores de esta sección para repasar lo que has hecho.

1. Las ideas sobre el factor II que han tenido más sentido para mí son:

_____

_____

2. Las habilidades que más me gustaría recordar y utilizar son:

_____

_____

3. ¿Qué es lo que más necesito de los ejercicios del factor II? ¿Hay ciertas habilidades que me gustaría practicar más? (Reserva el tiempo que necesites para practicarlos).

_____

_____

El lado activo del amor: Creciendo

CAPÍTULO 27

Los fundamentos del crecimiento

Cada decisión que tomamos es una declaración de cuánto nos valoramos a nosotros mismos.
—Capellán del Ejército Estadounidense N. Alden Brown

La autoestima es una cuestión tanto del corazón como de la cognición. Esto es especialmente cierto para el tercer bloque de construcción de la autoestima, el crecimiento. Otros nombres para el crecimiento son:

- amor en acción,
- completándose,
- llegar a florecer, y
- el factor *aún más.*

El factor aún más procede de mi maestro más querido. Alto y desaliñado, algunos decían que no era particularmente guapo. De hecho, algunos decían que no tenía buen aspecto en absoluto. Pero él sabía que su madre le quería, y por eso gustaba a todo el mundo. Contaba que compró su primer traje, uno azul, a los diecinueve años de edad. Y cuando se puso ese traje azul con una camisa blanca limpia y una corbata, pensando en cómo iba a enseñar y servir a los demás, dijo –y su rostro se iluminó al decirlo–: «¡Me he vuelto *aún más* guapo!».

El factor III, el crecimiento, es la tranquila sensación de ser *aún más* de lo que eres en tu yo interno. En otras palabras, el *crecimiento* está desarrollando los rasgos que existen en germen. Te sientes profunda y silenciosamente contento de ser quien eres porque sabes que estás siendo la mejor persona que puedes ser, al ritmo razonable y constante especialmente apropiado para ti.

En resumen, por tanto, el crecimiento conlleva:

- desarrollar nuestras capacidades y potencialidades;
- ascender y avanzar hacia la excelencia, y
- mejorar la humanidad, tanto la de otros como la mía.

Hemos comparado el yo interno con un cristal de valor infinito e inmutable, con todos los atributos necesarios en germen. El factor I, la valía humana incondicional, lo contempla con precisión. El factor II, el amor incondicional, fortalece y da brillo al yo interno y proporciona la base para el factor III, el crecimiento.

Crecer, o completarse, implica deshacerse de lo que sobra y elevar el yo interno hacia la luz, donde puede brillar aún más. Como sugiere este dibujo, el yo interno siempre tiene valor, pero cuando lo acercamos a la luz, se disfruta más de él.

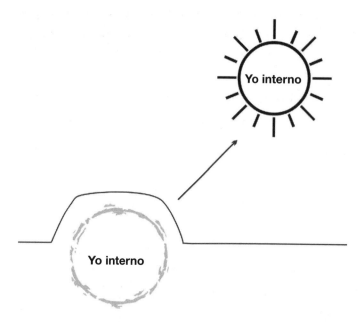

Amor en acción: Los próximos pasos

Después de haber eliminado las distorsiones cognitivas que pueden camuflar o ensuciar el yo interno, las siguientes tareas son:

- elegir comportamientos cariñosos y beneficioso para uno mismo, y

- eliminar comportamientos relacionados con el yo interno que no sean cariñosos, ya que no son beneficiosos. Se incluye cualquier práctica que sea poco saludable o poco amable, incluyendo el uso de drogas, un enfado excesivo, sexo despersonalizado, dormir muy poco, comer demasiado e inhalar demasiada nicotina.

El crecimiento personal es uno de los mayores placeres de la vida. Reiteramos que la autoestima no significa complacencia. Hafen (1989) señala que algunos promueven la idea engañosa de que la autoaceptación supone el fin del desarrollo terapéutico o personal, y no el principio. De esta manera, el asesoramiento puede preocuparse menos por ayudar a las personas a cambiar y más por sólo ayudarlos a sentirse más cómodos. Esto podría ser un enfoque adecuado para ayudar a alguien a aceptar una enfermedad terminal; pero es poco probable que tenga éxito también en la ayuda al proceso de crecimiento y desarrollo personal.

Por tanto, la autoestima –la opinión realista y valorativa de uno mismo– se basa en la combinación de autoaceptación (factores I y II) y llegar a florecer (factor III).

DANIEL EL TRAVIESO

«LO MEJOR QUE PUEDES HACER ES LLEGAR A SER MUY BUENO EN EL HECHO DE SER TÚ»

«Daniel el Travieso», utilizado con permiso de Hank Ketcham Enterprises y North American Syndicate.

Perspectivas de crecimiento

El factor III –el proceso de crecimiento saludable– se basa en los diez principios siguientes.

1. Estamos diseñados y creados para desarrollarnos física, mental, social, emocional y espiritualmente, y lo haremos cuando nuestras capacidades se fomenten y ejerzan. El cuidado significa amor.

2. Desarrollar nuestras capacidades es una forma de amarnos a nosotros mismos. Compartirlas es una forma de amar a los demás.

3. El crecimiento es una *consecuencia* de la valía incondicional y del amor incondicional, no una *condición* suya. El amor proporciona la base para el crecimiento. Si el sentido de la valía incondicional y el amor están ausentes, el éxito, el rendimiento y la productividad rara vez generan autoestima. Por tanto, es mejor que la decisión de desarrollarse sea precedida por los factores I y II.

4. Crecer no conlleva un alto grado de competencia, porque:

   • la investigación indica que la competencia no predice la autoestima global, y

   • «competencia», tal como suele usarse, implica un resultado (por ejemplo, realizado, terminado, perfeccionado).

   Por el contrario, crecer es una percepción que dice:

   • «Yo puedo» (por ejemplo, «soy capaz y tengo capacidad»), y

   • «Me encuentro en el camino y moviéndome en la dirección deseada».

   Por tanto, el crecimiento es una *dirección* y un *proceso,* no un resultado. Entonces, uno puede sentirse bien con el progreso, aunque no alcance el objetivo deseado (por ejemplo, la perfección).

5. Desarrollar nuestras capacidades no cambia, aumenta ni demuestra valía (la valía existe desde el nacimiento, ya infinita e inmutable). Más bien, conforme crecemos expresamos nuestra valía; cambiamos nuestras percepciones del yo; nos experimentamos con más alegría, aprecio y satisfacción; vemos con más claridad nuestros seres verdaderos y esenciales, y nos instalamos en la luz del sol, donde el yo interno brilla más.

6. Con el paso del tiempo, las buenas experiencias con un amigo solidifican nuestra confianza y las opiniones favorables de ese amigo. Del mismo modo, las buenas experiencias con nuestro propio yo fijan y mejoran la autovaloración.

7. El crecimiento es un proceso continuo. A diferencia de la rosa, que florece y luego muere, el yo interno puede seguir creciendo conforme envejece la capa externa.

8. El crecimiento no se completa de manera aislada, sino que se logra interdependientemente (por ejemplo, con la ayuda de otros, la naturaleza o la excelencia).

9. El crecimiento consiste simplemente en cultivar la *integridad* (conducta moral y carácter) y un *placer saludable* (es decir, el placer que re-crea sin comprometer la conciencia, que incluye

actividades como el arte, la belleza, los pasatiempos, el estudio, el desarrollo del talento, la ayuda a los demás, la limpieza y el embellecimiento del entorno, jugar, trabajar y amar).

10. La gente decide crecer o desarrollarse para poder ser más feliz. Conforme nos volvemos más felices, solemos disfrutar más de la vida y de nosotros mismos.

Preguntas sobre el crecimiento

¿Son incompatibles de algún modo la integridad y el placer? Integridad implica integración o totalidad. Conlleva que no hay separación entre el comportamiento de uno y sus valores. Cuando desarrollamos la integridad, experimentamos tener más paz y podemos decir, junto con Winslow Homer: «Todo es hermoso fuera de mi casa, dentro de mi casa y de mí mismo». El comportamiento moral tranquiliza y es amable, pacífico y honesto. La integridad se desarrolla al comenzar el día con la decisión de *poner la integridad en lugar preferente.*

Aunque algunos defienden que el placer es de alguna manera incompatible con la integridad, recordemos que el santo católico Tomás de Aquino dijo: «Ningún hombre puede vivir sin deleite, y por eso un hombre privado de la alegría del espíritu [por ejemplo, la alegría de vivir] cae en los placeres carnales».

Gandhi explicó además que no es el placer el que corrompe la conciencia, sino el placer sin conciencia (es decir, los placeres que se aprovechan o abusan de la confianza o la violan). El placer saludable es re-creativo y necesario. Sólo deben evitarse los placeres que degradan la conciencia humana. En este sentido, la búsqueda del placer saludable es coherente con la búsqueda de la integridad.

Para tener autoestima, ¿debo tener una integridad perfecta? La paz interior requiere que uno lo esté haciendo lo mejor que sepa. No se puede hacer más de lo que se sabe hacer o se es capaz de hacer. Puesto que todos somos imperfectos, todas las personas se quedan cortas en el camino de la perfección. No obstante, aún podemos experimentar nuestra valía si intentamos lo mejor durante el camino y nos movemos en la dirección deseada.

¿Cuándo no es divertido crecer? Crecer no es divertido cuando el resultado se convierte en una necesidad extrema. Si, por ejemplo, uno *debe* convertirse en un vendedor exitoso como condición de su valía o felicidad, entonces probablemente se sentirá estimulado, pero no contento. Una vez más, volvemos al hecho de que el crecimiento saludable supone que el valor incondicional y el amor son lo primero, de modo que se puede disfrutar del proceso de crecimiento sin miedo al fracaso ni a la preocupación por el resultado. La preocupación por el resultado y el temor al fracaso provienen de las mismas raíces: la valía *condicional* y el amor *condicional.*

Crecer es como subir por una escalera, no llegar al final. Por eso se puede disfrutar del progreso y el movimiento sin sentirse frustrado por no llegar a la perfección.

Reflexiones sobre el hecho de mejorar la humanidad y el yo

El factor III es un logro agradable y satisfactorio que va más allá del nivel actual de desarrollo y alcanza a los demás, como sugieren estas reflexiones. Por favor, tómate un tiempo para reflexionar sobre ellas.

Una vez tengas un yo [es decir, estés seguro de tu propia valía], entonces es más fácil perderte en el servicio desinteresado.

—Anónimo

Si no soy para mí, ¿quién será para mí? Pero si soy sólo para mí, ¿qué soy yo?

—Hillel

Descubrí que si trabajaba siempre y sólo para toda la humanidad, sería óptimamente eficaz.
—Buckminster Fuller

El gran fracaso de la educación es que ha hecho que las personas sean más conscientes de la tribu que de la especie.

—Norman Cousins

El gran uso de la vida es pasarla en algo que la supere.

—William James

Gracias a la vida cotidiana, sabemos que existimos para otras personas… Cien veces al día me lo recuerdo.

—Albert Einstein

Podría haber añadido fortuna a la fama, pero sin preocuparse por ninguna de ellas, descubrió la felicidad y el honor en el acto de ser útil al mundo.

—Epitafio de George Washington Carver

El deseo de elevar a la humanidad -el yo, otra persona, todos los demás– es lo que en el lenguaje cotidiano llamamos amor. El amor es querer lo mejor para el objeto de nuestro amor.

—John Burt

Si tienes debilidades, trata de vencerlas, y si fallas, vuelve a intentarlo, y si fracasas, sigue intentándolo, porque Dios es misericordioso con sus hijos. Él es mucho más amable con nosotros que nosotros mismos.

—J. Golden Kimball

Si todo lo demás falla, trata de hacer algo agradable para alguien que no lo espera. Te sorprenderás de lo bien que te sentirás.

—George Burns

Si pudieras seguir esta [...] regla [tu depresión leve] se curaría en catorce días. Consiste en considerar de vez en cuando cómo puedes dar placer [saludable] a otra persona [...]. Te sentirías útil y valioso.

—Alfred Adler

Ningún hombre necesita temer a la muerte, sólo necesita el miedo a morir sin haber conocido su mayor poder: el poder de su libre albedrío para dar su vida por los demás.

—Albert Schweitzer

[Todos somos] artesanos e invertimos nuestro talento.

—Laura Benet

Conforme vemos lo que podemos hacer, apreciamos más plenamente quienes somos.

—Anónimo

El servicio es una mirada sobre el desarrollo permanente de los demás.

—Dallin H. Oaks

La única forma en que funciona la magia [es decir, el crecimiento] es mediante el trabajo duro. Pero el trabajo duro puede ser divertido.

—Jim Henson, creador de los Teleñecos

Algunos dicen que los principios son restrictivos. Yo digo que son liberadores. Algunos dicen que el servicio es sumisión. Pero yo digo que es ennoblecedor.

—Anónimo

CAPÍTULO 28

Aceptar que no somos perfectos

Crecer es como escalar una montaña. Si sabes que tiene una base firme, entonces te impulsas hacia arriba con confianza y es divertido. Los factores I y II son los fundamentos firmes del crecimiento. Cuando se proponen crecer y disfrutar del proceso, algunas personas pueden «aguar su propia fiesta» recordándose de una manera u otra que ellas y sus esfuerzos no son perfectos. La siguiente habilidad *no obstante* difiere ligeramente de las dos versiones anteriores:

Aunque no soy perfecto, *no obstante* _____

(alguna afirmación para crecer)

Por ejemplo, si alguien te dice que no puedes hacer nada bien, puedes decir o pensar: «*Aunque* no soy perfecto, *no obstante* estoy creciendo».

Otras afirmaciones:

• Me siento seguro al intentarlo.

• Estoy aprendiendo.

• Estoy en el buen camino y progresando.

• Todavía soy nuevo en esto y estoy buscando mi camino.

• Aún disfruto intentándolo.

• Creo que puedo mejorar.

• Mi valor es infinito, aprecio mis esfuerzos y tengo tanto derecho a intentarlo como cualquiera.

• Sigo «trabajando».

- Me estoy divirtiendo.

- Me estoy desarrollando de otras maneras.

- El aprendizaje sigue siendo aventurero.

- Soy más (amable hacia una persona, etc.) hoy que ayer.

- Sigo insistiendo y lo hago.
  ¿Puedes pensar otras que te gusten?

Aunque no soy perfecto… no obstante: Un ejercicio

Elige un compañero. Pídele que diga cualquier declaración negativa que le venga a la mente, ya sea verdadera o falsa, como por ejemplo:

- ¡Mi rana tiene un intelecto más rápido que tú!

- ¿Lecciones de canto? *¿¡Tú!?*

- ¡Tu pésima memoria hizo que perdiéramos esa oportunidad!

- ¡Nunca conseguirás mucho!

- ¿Por qué eres tan lento?

- ¡Tu personalidad me fastidia!

Ante cada crítica, saca a relucir tu ego y responde con una declaración *aunque no soy perfecto… no obstante*. Trata de mantener tu sentido del humor y responde de forma optimista.

Acepta tus imperfecciones: Un ejercicio

1. Para cada uno de los próximos seis días, elige tres eventos o situaciones que puedan afectar a tu autoestima.

2. En respuesta a cada una, elige una declaración *aunque no soy perfecto… no obstante*. Después, en la hoja de trabajo que ofrecemos a continuación, describe el evento o situación, la declaración que usaste y el efecto emocional que experimentas al elegir esta declaración y decírtela a ti mismo. Llevar un registro por escrito permite reforzar la habilidad.

Fecha	Evento/Situación	Declaración utilizada	Efecto
1. 2. 3.			
1. 2. 3.			
1. 2. 3.			
1. 2. 3.			
1. 2. 3.			
1. 2. 3.			

CAPÍTULO 29

Sólo por diversión
(contemplando las posibilidades)

Jim Henson, el creador de los Teleñecos, fue muy valorado por sus cualidades infantiles, lo cual tiene relación con las cualidades agradables y valiosas de un niño. Considera las siguientes cualidades infantiles:

- Sentido del descubrimiento, asombro, curiosidad

- Vulnerabilidad

- Cálido

- Simpático

- Valorador

- Entusiasta

- Receptivo

- De confianza

- Capacidad de (Montegu 1988):

  · Aprender

  · Vivir

  · Crecer

  · Imaginar, fantasear, soñar

  · Experimentar

  · Explorar

- Ser de mente abierta

- Amar

- Trabajar

- Jugar

- Pensar

Aunque las tormentas de la vida pueden reducir la llama de algunas de estas cualidades, la brasa de cada una nunca se extingue por completo. Una de las bellezas de la madurez es que normalmente se han adquirido la sabiduría y la seguridad emocional necesarias para volver a cultivar estas cualidades.

Un breve inventario

Por favor, escribe tus respuestas a las siguientes preguntas.

1. ¿Qué te gusta de tu personalidad? (Reconocer tus puntos fuertes es una forma de quererte a ti mismo.)

2. Responde a la pregunta «¿qué te gustaría mejorar?» empleando el siguiente formato: Es cierto que a veces_____, así que me gustaría ser más _____.

   (describe el comportamiento)   (describe la cualidad)

No hay que sentir vergüenza de nuestros aspectos más toscos. No obstante, observa el tono emocional positivo de la realidad aceptable, al tiempo que también te fijas en las posibilidades.

Cualidades atractivas e interesantes

Proverbios 29, 18 dice: «Donde no hay visión, el pueblo perece». Este ejercicio podría ayudarte a comenzar a crear una panorámica, o camino agradable, hacia el crecimiento personal.

¿Qué cualidades del carácter aumentan el atractivo o encanto de una persona? El psicólogo J. Brothers (1990) sugiere que los rasgos siguientes son características de las personas mayores que otros consideran atractivas e interesantes. Se podría decir que estas características se aplican a personas de todas las edades, incluido tú.

1. Marca el recuadro del rasgo que creas que aumenta el atractivo o encanto de una persona.

☐ Alegre

☐ Equilibrado

☐ Consciente

☐ Se deleita con los sentidos (disfruta de la comida, la naturaleza, etc.)

☐ Interesado en todas las personas

☐ Entusiasta con la vida

☐ Optimista (no crítico con los demás ni consigo mismo)

☐ Sano y vigoroso (en buena condición física, higiénico)

☐ Fuerza interna (aprende de los errores sin que le agobien)

☐ Vulnerabilidad (sentimientos, acepta los propios defectos)

☐ Se relaciona con otras personas como individuos (se fija en ellos, les sonríe, habla, da las gracias)

☐ Amable

☐ Bueno

☐ Se centra en lo bueno, no en lo malo

☐ Divertido (se divierte, es divertido, a veces flirtea por diversión)

☐ Expresa su lado masculino y su lado femenino (ve a los individuos como totales y completos)

2. ¿Hay otros rasgos que quisieras añadir a la lista? ¿Cuáles?

_____

_____

_____

3. Si tuvieras que elegir cuatro rasgos que desearías desarrollar –en ti mismo, sólo por entretenerte–, ¿cuáles serían?

a. _____

b. _____

c. _____

d. _____

CAPÍTULO 30

Evaluar nuestro carácter

La autoestima no es un ejercicio de pensamiento positivo en el que te dices a ti mismo lo maravilloso y perfecto que eres con la esperanza de convertirte en ello. Este tipo de pensamiento es emocionalmente inmaduro y estresante porque no se basa en la realidad. Las personas con autoestima no tienen necesidad de inflar su ego. Por el contrario, cuentan con suficiente seguridad como para evaluar con precisión sus puntos fuertes y débiles. El crecimiento comienza reconociendo sinceramente el nivel actual de desarrollo. El proceso puede ser bastante autoafirmativo y optimista cuando se hace con un verdadero respeto por el yo interno.

La siguiente actividad se basa en el inventario moral empleado en Alcohólicos Anónimos (AA). Los miembros de AA enseñan que, cuando un comerciante hace inventario, sólo cuenta lo que hay y lo que no. No juzga; sólo cuenta. Cuando hacemos inventario de nuestras existencias, simplemente contamos, sin juzgar el yo interno.

Esta actividad se llama inventario moral, cariñoso, sin temor, sincero. Es *cariñoso* porque el amor permite expulsar el miedo. Con amor, y sin miedo, podemos saber dónde nos encontramos. El miedo aparece cuando una persona juzga negativamente su yo interno. ¿Qué sería más aterrador que concluir que alguien es malo con su yo interno? La etiqueta «malo» es irracional porque implica que uno es totalmente y siempre malo. La visión más realista es que somos infinitamente valiosos en nuestro yo interno, pero que también tenemos algunos aspectos un tanto toscos. El inventario es *sincero* y *moral* porque sinceramente buscamos e identificamos puntos fuertes y débiles. Si sólo encontramos debilidades, se llamaría un «inventario *inmoral*». Consideramos que algo es moral si es a largo plazo para el mejor interés de la humanidad; inmoral si no lo es.

El inventario seguirá el patrón BASIC MID adaptado del enfoque multimodal del psicólogo Arnold Lazarus (1984) para la autoayuda. Este enfoque supone que las personas tienen puntos fuertes y débiles en ocho dimensiones de sus vidas, y cada dimensión está representada por una letra del acrónimo BASIC MID («behavior, affect, sensations, imagery, cognitions, moral, interpersonal, drugs/biology»: comportamiento, afecto, sensaciones, imágenes, cogniciones, moral, interpersonal, fármacos/biología). Ver los puntos fuertes y débiles, unos en relación con los otros, ayuda a poner nuestras debilidades en perspectiva. Es decir, vemos las áreas débiles como aspectos toscos que pueden fortalecerse y desarrollarse: suavizarse y pulirse. No representan todo el yo interno. Relacionadas con cada dimensión BASIC MID están las formas de crecer y desarrollarse. Recuerda que reconocer la realidad presente puede aclarar tu dirección y tus objetivos.

Una lista de puntos fuertes morales

¿En silencio, pero sinceramente, te felicitas por el bien que intentas hacer? ¿O minimizas tus esfuerzos? Puede ser muy útil echar un vistazo a tus puntos fuertes, tal vez reconociendo recursos internos que minusvaloras o das por hechos. En este sentido, me gustaría que hicieras un inventario de tus puntos fuertes. A continuación se enumeran una serie de cualidades que podrían considerarse puntos fuertes morales, porque contribuyen al beneficio de la humanidad, incluido el yo.

1. Por favor, comprueba todas las cualidades que se enumeran a continuación, que tú poseas en un grado razonable (es decir, sin exigir la perfección).

☐ Integridad

☐ Comprensión

☐ Amor

☐ Virtud

☐ Conocimiento

☐ Paciencia

☐ Amabilidad

☐ Humildad o voluntad de admitir los defectos

☐ Respeto por los demás

☐ Respeto por uno mismo

☐ Sinceridad

☐ Utilidad

☐ Apoyo

☐ Afecto

☐ Consideración o reflexión

☐ Tolerancia ante la diversidad

☐ Confianza

☐ Moralidad

☐ Sentido del deber o responsabilidad

- ☐ Cuidar la reputación
- ☐ Perdón
- ☐ Amabilidad
- ☐ Penitencia o dolor apropiado
- ☐ Esperanza u optimismo
- ☐ Ahorro
- ☐ Abnegación o servicio a los demás
- ☐ Participación
- ☐ Gentileza
- ☐ Civilidad o cortesía
- ☐ Gratitud
- ☐ Apreciación
- ☐ Fiabilidad o cumple su palabra

2. Rodea con un círculo alguno de los elementos de arriba si desarrollarlo más plenamente conllevaría un mayor crecimiento o felicidad.

Evaluación de ocho ámbitos de la vida

En la hoja de control y planificación BASIC MID que ofrecemos a continuación, evaluarás tu vida en las ocho áreas siguientes. Ten en cuenta que estás buscando patrones generales. Ciertamente, la mayoría de nosotros a veces experimentará muchas de las debilidades mencionadas.

1. El **comportamiento** incluye las cosas que haces: actos, hábitos, gestos o reacciones. Entre los puntos fuertes pueden estar la puntualidad, una expresión agradable, la limpieza, el tiempo de ocio, la firmeza, la moderación al hablar, ir bien vestido, tener buena preparación o realizar tareas en el trabajo. Entre los puntos débiles pueden estar evitar o alejarse de los desafíos, procrastinar, fruncir el ceño o hacer muecas, adoptar una postura de derrota, ser desorganizado, controlar a la gente, gritar, guardar silencio, los comportamientos compulsivos y un comportamiento impaciente o imprudente.

2. El **afecto** se refiere a los sentimientos que experimentas. Entre los puntos fuertes pueden estar el optimismo, la paz, la valoración de uno mismo, conformarse con lo que uno tiene, la alegría o la tranquilidad. Entre los problemas pueden estar la depresión crónica, la ansiedad, la ira, la preocupación, el miedo, la culpa o el autodesprecio.

3. Las **sensaciones** hacen referencia a los cinco sentidos. Entre los puntos fuertes pueden estar disfrutar del viento, los gustos, los olores, los sonidos y las vistas. Problemas o síntomas de

problemas pueden ser los dolores de cabeza crónicos, la tensión, las náuseas, los mareos, la presión en el estómago o ver sólo lo negativo del entorno y no lo hermoso.

4. Las **imágenes** hacen referencia a las escenas que pasan por tu mente. Entre los puntos fuertes pueden estar la visualización de unas agradables vacaciones en el futuro, tener sueños agradables o experimentar un sentimiento agradable al ver el reflejo de uno mismo. Aspectos negativos pueden ser las pesadillas, verse a uno mismo fracasando, una autoimagen defectuosa o centrarse en los puntos negativos al mirarse en el espejo.

5. Las **cogniciones** tienen que ver con nuestros pensamientos. Los puntos fuertes quedan señalados por un optimismo realista (es decir, *no todo será perfecto, pero encontraré algo para disfrutar, crecer o mejorar);* las habilidades cognitivas, como por ejemplo las habilidades *no obstante (véanse* los capítulos 6, 17 y 28); o el ensayo cognitivo *(véase* el capítulo 14). Los problemas quedan señalados por la presencia de distorsiones.

6. La **moral** hace referencia al carácter y la conducta de uno. Pueden ser puntos fuertes cualquiera de las cualidades enumeradas anteriormente. Los débiles serían sus opuestos.

7. Lo **interpersonal** describe la calidad de las relaciones. Pueden ser puntos fuertes tener buenas relaciones íntimas, hacer que la familia y los amigos estén entre nuestras prioridades, acompañarnos de personas que no sean compañeros de trabajo, etc. Entre los puntos débiles están la ausencia de amigos, la agresión (por ejemplo, el insulto, la violencia o el sarcasmo), apartarte sistemáticamente de las personas que te defraudan o la falta de asertividad (por ejemplo, dejarse utilizar).

8. Los **fármacos/biología** hacen referencia a los hábitos actuales de salud. Entre los hábitos que reflejan autoestima, y por tanto son puntos fuertes, están el descanso y la relajación adecuados, el ejercicio regular y la nutrición adecuada. La comida basura, el uso crónico de tranquilizantes o somníferos, el tabaquismo o el abuso de drogas suelen reflejar un desprecio por la propia salud y por uno mismo.

El inventario moral cariñoso, sin temor, participativo y sincero

1. En cada una de las ocho áreas de la hoja de control y planificación de BASIC MID, enumera los puntos fuertes actuales o lo bueno que hay en tu vida.

2. ¿Cuáles son los problemas actuales de tu vida? ¿Qué notas que no te satisface? Describe todo esto en «debilidades actuales (síntomas/problemas)» para cada una de las áreas de BASIC MID.

3. Al revisar los puntos débiles presentes en tu vida, ¿cómo sería tu vida de distinta si desarrollaras estas áreas? Describe tu vida en cada una de las ocho áreas. Por ejemplo, si yo estuviera menos ansioso, ¿qué vería o escucharía de otra manera? ¿Cómo diferirían las relaciones?

4. En cada una de las áreas de BASIC MID, indica lo que podrías hacer para cambiar o crecer. Ten en cuenta que estás sugiriendo posibilidades para reforzar puntos fuertes y desarrollar áreas que son actualmente más débiles. Esto puede requerir tu mejor pensamiento creativo. Hay muchas muchas maneras de desarrollarse, de igual forma que un músculo débil puede fortalecerse mediante una amplia variedad de ejercicios. Por ejemplo, para mejorar los hábitos de salud se podría leer sobre el tema, unirse a un club de salud, contratar a un nutricionista o iniciar un programa de caminatas con personas ancianas. Para reducir los síntomas de la ansiedad, podría aprenderse a controlar la respiración y relajar los músculos, o buscar ayuda de un profesional de salud mental experto. Se podría disminuir la cólera excesiva desarraigando distorsiones, recuperando la autoestima, aplicando habilidades curativas y aprendiendo a perdonar. Puedes dar muchos pasos hacia el crecimiento y el desarrollo por ti mismo. Reconocer cuándo se necesita ayuda y encontrar esa ayuda son síntomas de una buena autoestima.

    Surgen algunas consideraciones interesantes al completar este ejercicio. Por ejemplo, ¿el alcoholismo es un problema moral? No lo es si lo ves como una adicción y te niegas a juzgar el yo interno del individuo adicto. Lo es si consideras que el comportamiento afecta negativamente al individuo y a su familia. ¿Colocas entonces el alcoholismo en la categoría de «fármacos/biología» o en la de «moral»? En mi opinión, no se trata de una cuestión crítica. El propósito del inventario es ayudarte a aumentar la conciencia de las áreas que están afectando a tu vida, para bien o para mal. Dado que puede haber solapamiento entre las ocho categorías, no resulta crítico saber en qué categoría encaja un punto fuerte o débil. Lo que importa es que seas consciente de ellos y que te niegues a juzgar o condenar el yo interno porque reconoces que eres imperfecto.

    Tómate algún tiempo para completar el inventario. Es posible que desees completarlo durante un período de tres días, dando tiempo para el descanso y la contemplación.

5. Elige una entrada del paso anterior, una con la que sientas una confianza razonable para hacer progresos y hallar placer y satisfacción en el proceso. Durante una semana, haz lo que necesites hacer para progresar en esta área.

6. Vuelve a este inventario cada mes para ver dónde te encuentras en relación con el paso cuatro y pensar en nuevas metas.

El crecimiento no tiene lugar de la noche a la mañana. Algunos se sienten decepcionados cuando no lo consiguen. Volviendo a la analogía del yo como retrato, es útil pensar que un cuadro clásico tarda años en pintarse. En este caso, sin embargo, el retrato nunca termina; su evolución es un proceso continuo.

Hoja de control y planificación de BASIC MID
(El inventario moral cariñoso, sin temor, participativo y sincero)

Conducta	Afecto	Sensaciones	Imágenes	Cogniciones	Moral (conducta y carácter)	Interpersonal	Fármacos/ Biología
				Puntos fuertes actuales			
				Puntos débiles actuales (síntomas/problemas)			
				¿Cómo diferiría mi vida si desarrollara mis áreas más débiles?			
				¿Qué puedo hacer para cambiar/crecer?			

CAPÍTULO 31

Poner en práctica el perdón

[No hay] futuro sin perdón.
—Desmond Tutu

Quien no haya perdonado a un enemigo nunca habrá
probado uno de los gozos más sublimes de la vida.
—Robert Lauter

En mi comunidad vive un joven y valiente inmigrante llamado Tran. Cuando era joven, en Vietnam, Tran vivía en la pobreza, bajo una roca. En busca de una vida mejor para él, su madre lo mandó a un hogar adoptivo en Estados Unidos. En su hogar adoptivo, Tran sufrió abusos graves. Cuando llegó a la adolescencia, Tran dijo a quien había abusado de él que le había perdonado y le deseaba lo mejor. Mirando hacia atrás en ese período conflictivo de su vida, Tran reflexionó: «Perdonar es reemplazar la ira con el amor. Perdonar me liberó para seguir adelante con mi vida».

El filósofo alemán Friedrich Nietzsche sugirió que sólo los débiles perdonan. La investigación, sin embargo, indica que quien perdona es sabio de verdad.

Robert D. Enright, cuyos escritos inspiran gran parte del material de este capítulo, es el pionero de la investigación del perdón. Estudiando diversas poblaciones de todas las edades —supervivientes de eventos traumáticos, incesto, abusos y adicción a las drogas; hombres heridos por la decisión de algún compañero; mujeres de edad avanzada; pacientes cardíacos y de cáncer; niños de Irlanda del Norte—, descubrió que la práctica del perdón mejoraba constantemente la salud mental, incluyendo la mejora de la autoestima y un mejor funcionamiento del corazón. Incluso las pequeñas mejoras en el tema del perdón generaron mejoras psicológicas sustanciales.

¿Qué es el perdón?

Enright define el perdón como «un proceso libremente escogido por nosotros, en el que reducimos voluntariamente el resentimiento mediante un trabajo duro y ofrecemos bondad de algún tipo hacia quien nos hizo daño» (2012, 49). Veamos algunos de los elementos clave de esta definición:

- **Proceso.** Perdonar las ofensas graves no suele tener lugar de forma rápida, sencilla, ni todo a la vez.

- **Elección.** Nadie puede obligarnos a perdonar. Perdonamos cuando estamos preparados. La opción de perdonar no depende de que el ofensor se disculpe, merezca ser perdonado o cambie. La elección sólo tiene relación con cómo decidimos responder al pasado.

- **Resentimiento.** Consiste en volver a sentir la ira original. Cuando perdonamos, elegimos liberarnos de la amargura y la intención de vengarnos de forma que podamos vernos liberados de la pesada carga que nos mantiene encadenados al pasado y que afecta a nuestra vida actual.

- **Ofrecer bondad a quien nos ofende.** Liberarnos de la mala voluntad, los juicios y la venganza hacia el ofensor es un buen procedimiento curativo para comenzar. Sentir comprensión por el ofensor es aún más curativo. Tal vez comencemos evitando o tolerando al ofensor, negándonos a hablar mal de él o no haciéndole daño. Con el tiempo, y después de la sanación necesaria, podríamos generar pensamientos amables sobre quien nos ofendió. Recordamos que todo el mundo es imperfecto y sufre, y que las acciones perjudiciales del infractor seguramente disminuirán su felicidad. La respuesta que elegimos es amar y respetar al delincuente, a pesar de su comportamiento, aunque nos desagrade ese comportamiento. Tal vez una sonrisa sustituya la ira o la indiferencia. Quizás lleguemos a desear el bien a esa persona o tratar de serle útil activamente.

Qué no es perdonar

1. Perdonar no es minimizar el daño ni ignorar nuestro enfado. Paradójicamente, desechar el dolor u ofrecer perdón con excesiva rapidez puede impedir tu intento de sanar. Es reconocer el dolor y tratarlo con una comprensión curativa.

2. Perdonar no significa confiar ni reconciliarse con el ofensor. Reconstruir las relaciones dañadas requiere tiempo y confianza. El ofensor tal vez no merezca tu confianza. Podemos perdonar con reconciliación o sin ella.

3. Perdonar no significa tolerar el mal comportamiento ni permitir que prosiga. A veces, el amor consiste en llevar a un delincuente ante la justicia para evitar que repita conductas autodestructivas o dañinas para otros. Sin embargo, esto se puede hacer preocupándose decididamente, no con acritud.

4. El perdón no consiste en olvidar, sólo conlleva modificar nuestra respuesta ante el pasado. Tratamos a los demás como nos gustaría ser tratados, independientemente de cómo nos trataron. Ofrecemos honor y respeto, aunque el ofensor no nos honre ni nos respete.

¿Cómo eleva el perdón la autoestima?

Amar al ofensor nos pone en contacto con nuestro mejor yo: su naturaleza verdadera y cariñosa. Al romper las cadenas del resentimiento que te mantienen atado al pasado, el corazón que antes se cerró por la ira puede volver a abrirse. Perdonar es un triple regalo de la bondad, adecuado para otorgarlo. El perdón es un regalo para (Enright 2001):

1. **El ofensor.** Al perdonar reconoces que el ofensor tiene un valor superior a su comportamiento. Tratar al agresor con amor y respeto, incluso cuando esto no se valora de inmediato, a veces puede ablandar el corazón del ofensor e incitarle a convertirse en mejor persona. El deseo de mejorar a todas las personas, incluso a las que se comportan mal, es una faceta importante del crecimiento.

2. **El yo.** Aunque el ofensor no acepte el perdón, es probable que te beneficies con el acto de perdonar. Tal vez experimentes menos resentimiento y cinismo, y más felicidad. Quizás la decisión de poner amor en tu corazón te hará sentir más completo (Salzberg 1995), más cerca de tu antiguo yo. Es posible que duermas mejor y que vivas más plenamente en el presente. Tal vez al ver la humanidad que compartes con el delincuente te vuelvas más comprensivo contigo mismo. Puede que te des cuenta de que el ofensor ya no controla tu vida, sino que la controlas tú. El deseo de perdonar no consiste sólo en cambiar una respuesta a una ofensa determinada, sino en convertirse en una persona que perdona y quiere más, aspectos importantes del crecimiento.

3. **Otros.** La ira que se guarda suele transmitirse a otras personas, incluyendo miembros de la familia –a veces durante generaciones–, hasta que perdonamos. Practicar el perdón puede ayudarnos a ser menos críticos, impacientes y valorativos hacia los demás, tanto en nuestra casa como en general. Ese tipo de prácticas pueden ayudarnos a experimentarnos de manera más positiva tanto a nosotros mismos como a los demás.

Cómo perdonar

Para empezar, piensa si necesitas o no perdonar, y para qué ofensas.

Evaluación

¿Necesitas perdonar? La necesidad de perdonar la podría sugerir cualquiera de los siguientes síntomas. Marca los aplicables a tu caso.

☐ La ira (hacia la vida, la familia, figuras de autoridad, personas que te recuerdan al ofensor, etc.) que se mantiene viva o es excesiva, irrumpe irracionalmente o afecta a otras personas.

☐ Sentirse una víctima o haber sido traicionado; culpar a la vida por las circunstancias del pasado.

☐ Mantener rencores o resentimientos, estar obsesionando o rumiando el acto de vengarse o perjudicar al ofensor, echar humo.

☐ Mal humor (cínico, deprimido, negativo, pesimista, crítico, desconfiado, infeliz, defensivo).

☐ Quejarse (la vida es injusta, nada es suficientemente bueno).

☐ Sarcasmo.

☐ Culpa (por algo que hiciste o dejaste de hacer, por no perdonar o por tener mala voluntad).

☐ Ansiedad, miedo.

☐ Fatiga, tensión.

☐ Soñar con el daño recibido.

☐ Sentirse devaluado; ha disminuido la autoestima.

☐ Evitar a las personas, apartarse para evitar más daño o enfurruñarse.

☐ Reducir el dolor (con alcohol, drogas, compras, juegos de azar, conductas arriesgadas, dormir en exceso).

☐ Sensibilidad a las críticas.

Identificar ofensas del pasado no resueltas

Enumera las ofensas y quién las cometió (por ejemplo, padres, hijos, parientes, amigos, compañeros, maestros, colegas, figuras de autoridad, comunidad religiosa, vecinos). Entre las ofensas pueden estar:

Negar el amor: odio, irresponsabilidad, abandono, muerte, infidelidad _____

_____

_____

Abuso emocional, físico o sexual _____

_____

_____

Daños involuntarios _____

_____

_____

Críticas, impaciencia, culpar, gritar o regañar _____

_____

_____

Humillación o vergüenza _____

_____

_____

Hostilidad _____

_____

_____

Traición por parte de un líder político _____

_____

_____

Las injusticias de la vida _____

_____

_____

Dios _____

_____

_____

Otro(s) _____

_____

_____

Herramientas para perdonar

Esta sección describe tres enfoques útiles para perdonar: dos ejercicios consistentes en llevar un diario y una meditación de perdón.

Diario de perdón

No podemos curar las heridas que no reconocemos. Podemos empezar escribiendo sobre una sola ofensa, quizás comenzando con una pequeña. Sin juzgar, limítate a escribir para llegar a comprender y expresar sentimientos para que por fin puedas olvidar la ofensa. Trata de escribir sobre:

- **Los hechos en torno a lo sucedido.** ¿Quién fue el agresor? ¿Fue intencional la agresión?

- **Los efectos que la ofensa ha tenido en tu vida.** Con una actitud de aceptación, reconoce los sentimientos resultantes (enojo, vergüenza, adormecimiento, etc.), la pérdida de la inocencia u otras pérdidas, los cambios de opinión sobre las personas y el mundo, las sensaciones físicas o enfermedades, etc.

- **Relación con heridas anteriores.** ¿Te recuerda esta ofensa a otras anteriores que quizás desencadenaron sentimientos o resultados similares?

- **Las condiciones del ofensor.** Henry Wadsworth Longfellow escribió: «Si pudiéramos conocer la historia secreta de nuestros enemigos, encontraríamos en la vida de cada hombre dolor y sufrimiento suficientes para acabar con toda la hostilidad». Hay sufrimiento en la vida de todas las personas. ¿Podría ser que el ofensor estuviera peor de lo que supusiste? ¿Podría el ofensor haber estado experimentando su propio daño o inseguridad en el momento de la ofensa? ¿Podría haber tenido heridas de un pasado difícil o ser indiferente ante el sufrimiento de otros?

  Neff sugiere tener en cuenta estas preguntas (2011, 199): «¿Qué sucedió para hacerles perder contacto con sus corazones? ¿Qué herida tuvo lugar para generar un comportamiento tan frío y tosco? ¿Cuál es *su* historia?». Quizás también desees escribir sobre lo siguiente: ¿podría el agresor estar peor ahora de lo que tú presupones? Las personas que son felices y en cuya mente todo está correcto no dañan intencionalmente a otros. Quienes dañan a otros sufren ellos mismos inevitablemente. ¿Cómo podría estar sufriendo por hacerte daño a ti o a otros (por ejemplo, generar la desconfianza o aversión de los demás, preocuparse por el castigo, disminuir su autoestima)? ¿Por qué es valioso el ofensor, a pesar de su mal comportamiento?

- **Tu posible papel.** ¿Contribuiste a la ofensa con tus reacciones en ese momento? ¿Necesitas perdón por algo que hiciste o no hiciste, o por reprimir tu crítica y tu ira? ¿Tendrías que perdonarte a ti mismo? (Los principios de perdonarse a sí mismo son iguales que los de perdonar a otros).

- **Comprometerse a perdonar.** Cuando te das cuenta de que la manifestación del rencor no sirve, debes decidirte a probar un enfoque diferente, a fin de iniciar el difícil proceso de perdonar. Decides liberarte del resentimiento para que tú y los que te rodean sufráis menos. Debes aceptar que los agresores (tú mismo incluido) son imperfectos, y así te liberarás del papel del *sheriff* que debe castigar todas las infracciones. Debes esforzarte, aunque sea de manera imperfecta, por reemplazar la injusticia por la bondad. Tienes que comprometerte con el trabajo que se necesita para liberar la carga que has llevado durante demasiado tiempo. Podrías especificar lo que harás ahora y lo que no harás. (Por ejemplo: «Me comprometo, lo mejor que pueda, a olvidar mi ira hacia el agresor. Diré algo bueno sobre él; recordaré que su valor es más profundo y mayor que sus acciones: que él y yo valemos igual. Le deseo felicidad y disfruto de ella»).

  Tal vez te recuerdes que tu valía interna no ha cambiado, aunque sufrieras una agresión. Como explica Enright (2012), al soportar el dolor sin contraatacar o transferirlo a otros, estás ofreciendo un regalo de amor al mundo, poniendo fin al ciclo de heridas y odio, como hicieron Gandhi, Martin Luther King Jr. y la madre Teresa. Este regalo contiene un amor extraordinario: para ti, al ser consciente de que tu valía no ha cambiado, y para el agresor, al darte cuenta de que en él hay más cosas que su conducta. Esto requiere mucha fuerza y valor, y supone un ejemplo que puede inspirar a otros (como por ejemplo a nuestros hijos). No te desanimes si surgen sentimientos fuertes y negativos durante el proceso de perdón (por ejemplo, «Quiero retorcerle el cuello»). Limítate a ofrecer bondad al ofensor lo mejor que puedas. Deja un tiempo para que tus sentimientos cambien gradualmente.

- **El posible bien que tuvo lugar o que aún podría ocurrir a consecuencia de esta agresión.** ¿Has descubierto que eres lo suficientemente fuerte como para asumir el daño sin tomar represalias? ¿Eres ya más consciente de la necesidad de perdonarte a ti mismo? ¿De ser más amable contigo mismo y con otros que cometen errores? ¿De ser más comprensivo con los seres humanos imperfectos? ¿Has aprendido nuevas formas de sanar? ¿Para reanudar alguna relación?

Meditación para perdonar

Prueba esta poderosa meditación (Salzberg 1995, 75) que, con la práctica diaria, ayuda a reemplazar los sentimientos poco considerados por otros más amables.

1. **Siéntate cómodamente.** Cierra los ojos, si así te sientes cómodo, y respira con el abdomen. Deja un tiempo para reflexionar sin apresurarte a comenzar la meditación.

2. **Pide perdón a otras personas.** Recita en silencio o en voz alta, lo que prefieras: «Si he herido o dañado a alguien, a sabiendas o sin saberlo, le pido perdón». Conforme aparecen en la conciencia personas, imágenes o situaciones, libera la carga de tu culpa y repite «Te pido perdón».

3. **Perdona a otras personas.** Repite en silencio o en voz alta, lo que prefieras: «Si alguien me ha herido o me ha dañado, a sabiendas o sin saberlo, le perdono». Ante cualquier imagen que aparezca, repite «Te perdono».

4. **Perdónate a ti mismo.** Reflexiona sobre cualquier cosa que hayas hecho para dañarte a ti mismo o a otras personas, mediante cualquier acto de aversión, incluida la incapacidad de perdonar. Recita en silencio o en voz alta: «Por todas las formas en que he perjudicado o me he hecho daño a mí mismo, consciente o inconscientemente, ofrezco mi perdón».

Mientras estás sentado en silencio, reflexiona sobre esto: ¿cómo te sientes al pedir y experimentar perdón? ¿Cómo te sientes al perdonar a otros? ¿Cómo podría beneficiarte la práctica habitual de perdonar? Más adelante, en tu diario, puedes estudiar estas preguntas, además de las siguientes:

• ¿Escribir sobre tu dolor lo ha hecho cambiar de alguna manera?

• ¿Perdonar conlleva sentimientos mayores de fuerza interior, confianza, libertad frente al pasado y felicidad que evitar el dolor o buscar venganza?

• ¿Eres más capaz de manejar el dolor interno de lo que pensabas?

Consideraciones

1. Recuerda que no tienes por qué perdonar. Puede que no sea sabio perdonar antes de estar preparado. En su lugar podrías pensar *quiero perdonar, y lo haré con el tiempo, pero ahora mismo no estoy preparado.* Tal vez necesites un poco de tiempo y sanación.

2. Perdonar puede ser un proceso consistente en dos pasos adelante y uno atrás. Si vuelven a aparecer sentimientos de ira, no se invalidan tus progresos. Sigue intentándolo.

3. Considera con atención si te interesa, o no, volver a encontrarte con quien te ofendió. El ofensor puede no estar físicamente disponible o carecer de la madurez emocional necesaria para escuchar y responder respetuosamente a tu dolor. En esos casos, piensa simplemente en escribir tus pensamientos y sentimientos sin compartirlos con quien te ofendió.

Cuando tú has causado sufrimiento

Pedir perdón, cuando reconocemos con valentía nuestros errores y tratamos de calmar el dolor de otra persona, es un acto de fuerza, humildad y bondad. Puedes intentar escribir en tu diario, aceptándote cariñosamente y sin valorarte, sobre el daño que has causado (Pennebaker y Evans 2014).

- Reconoce tu papel: lo que hiciste incorrectamente.

- Piensa cuidadosamente en los acontecimientos que precedieron a la ofensa: tus pensamientos y sentimientos antes, durante y después.

- Ten en cuenta los sentimientos y pensamientos de la otra persona antes, durante y después. Considera el impacto en la persona y en su familia y amigos. Piensa cómo te habrías sentido si te hubiese ocurrido lo mismo. Si puedes, expresa tristeza.

- Disculparte puede ser curativo. Escribe una disculpa, tal vez utilizando declaraciones similares a las siguientes (Enright 2001):

  - Siento mucho haberte lastimado. Por favor, perdóname.

  - No era mi intención hacerte daño.

  - ¿Hay algo que pueda hacer para compensarte?

  - Estaba equivocado. Lo siento. Por favor, perdóname.

- Examina qué podría ayudarte a compensar a la persona ofendida.

Resumen del acto de perdonar

Como dijo Tran, perdonar sustituye el odio por amor. Perdonamos porque el amor se encuentra en el yo interno de lo que somos. Perdonar demuestra fuerza interior, que es independiente de los comportamientos de los demás; es una decisión que tomamos, aunque la gente nos desprecie y nos deshonre. No perdonar nos perjudica a nosotros mismos y a otros, al mantener vivo el odio, cerrar nuestros corazones al amor y extender la ira a otras personas.

Perdonar ayuda a sanar y abrir el corazón, para que podamos ser nuestro verdadero yo de nuevo. Al perdonar, vemos a los demás como seres perjudicados, igual que nosotros, y respondemos al dolor con comprensión. Por tanto, estaremos respondiendo desde nuestro verdadero y mejor yo. Perdonar es como decir: «Todavía estoy aquí, aún en pie, todavía amando, negándome a verme reducido por tus actos».

Cuando cometemos una ofensa, perdonar es como decir: «Yo me perdono porque sé que soy algo más que mis errores; creo que mejoraré más con amabilidad que condenándome a mí mismo».

CAPÍTULO 32

Experimentar un placer saludable

El mayor reto de la vida es saber cómo disfrutarla.
—Nathaniel Branden

El adulto estadounidense medio, empleado a tiempo completo, trabaja cuarenta y siete horas a la semana según una encuesta Gallup 2014 (Saad), y deja poco tiempo para el ocio. Las personas tienden a renunciar a las actividades que les dan placer cuando disponen de poco tiempo (Lewinsohn *et al.* 1986). A consecuencia del estrés y la ausencia de placer, tienen un estado de ánimo bajo. Cuanto más deprimidas están las personas, más sufre su autoestima y menos probable es que crean que las actividades que antes les resultaban agradables conllevarán placer. Por eso no participan en las actividades satisfactorias que levantarían su estado de ánimo y reconstruirían su autoestima.

Al no disponer de tiempo de ocio, se hace más difícil definirse a sí mismo dejando a un lado el trabajo o el sueldo. La economista de Harvard Juliet Schor (1991) informó que después de que a los trabajadores de una fábrica británica se los obligara a renunciar a sus horas extra debido a la crisis, tuvo lugar una recuperación física y emocional. Al disponer de tiempo libre, incluidos los fines de semana y los días festivos, hicieron amistades y el significado de la vida fue más claro para ellos. El dinero perdió parte de su encanto. Incluso quienes tenían familia preferían el nuevo horario, con muy pocas excepciones.

Por tanto, podemos afirmar ya mismo que encontrar placer en la vida es una habilidad que los adultos necesitan aprender, reaprender y reforzar. Esta habilidad permite mantener el equilibrio emocional y mejora la autoestima ayudándonos a experimentarnos a nosotros mismos mediante diversas formas agradables. No estoy sugiriendo que alguien no pueda, o no deba, hallar placer en el trabajo; tan sólo que en la cultura actual hay cierta tendencia a que el trabajo defina estrictamente a un individuo. La actividad que ofrecemos a continuación te ayudará a descubrir, o redescubrir, lo que es agradable para ti, y posteriormente idear un plan para hacer algunas de las cosas que identifiques.

Programa actividades agradables

La siguiente actividad es obra de Peter Lewinsohn y colegas (1986).

1. La programación de eventos agradables que ofrecemos incluye una amplia gama de actividades. En la columna 1, comprueba las actividades que disfrutaste en el pasado. Después, califica de 1 a 10 lo agradable que fue cada uno de los ítems marcados. Una puntuación de 1 significa poco placer y 10 mucho placer. Esta calificación se coloca también en la columna 1, al lado de cada marca de verificación. Por ejemplo, si disfrutas moderadamente al estar con gente feliz, pero no disfrutas estando con amigos o familiares, tus dos primeros ítems quedarían de este modo:

    _____ ✓ (5)   _____1. Estar con gente feliz

    _____   _____ 2. Estar con amigos o parientes

Calendario de eventos agradables

Las interacciones sociales son eventos que tienen lugar con otras personas. Tienden a hacernos sentir aceptados, valorados, apreciados, comprendidos, etc. Es posible que pienses que alguna de las actividades que hay a continuación pertenece a otro grupo. Ten en cuenta que las clasificaciones no son importantes.

Columna 1	Columna 2	
_____	_____	1. Estar con gente feliz
_____	_____	2. Estar con amigos o parientes
_____	_____	3. Pensar en la gente que me gusta
_____	_____	4. Planificar una actividad con personas que me importan
_____	_____	5. Conocer a alguna persona del mismo sexo
_____	_____	6. Conocer a alguna persona del sexo opuesto
_____	_____	7. Ir a un club, restaurante o taberna
_____	_____	8. Acudir a celebraciones (como por ejemplo cumpleaños, bodas, bautizos, fiestas, encuentros familiares)
_____	_____	9. Quedar con un amigo para almorzar o tomar algo
_____	_____	10. Hablar abierta y sinceramente (por ejemplo, sobre mis deseos, mis miedos, lo que me interesa, lo que me hace reír, lo que me entristece)
_____	_____	11. Expresar verdadero afecto (verbal o físico)
_____	_____	12. Mostrar interés por los demás

Columna 1	Columna 2	
___	___	13. Darse cuenta de los éxitos y puntos fuertes de la familia y los amigos
___	___	14. Citas y flirteo (también para personas casadas)
___	___	15. Tener una buena conversación
___	___	16. Invitar a los amigos
___	___	17. Tomarse tiempo libre para visitar a los amigos
___	___	18. Llamar a alguien con quien disfruto
___	___	19. Pedir disculpas
___	___	20. Sonreír a la gente
___	___	21. Hablar tranquilamente sobre problemas con las personas con las que vivo
___	___	22. Cumplidos, palmaditas y elogios
___	___	23. Bromas y burlas
___	___	24. Divertir o hacer reír a la gente
___	___	25. Jugar con niños
___	___	26. Otros: ___

Actividades que te hacen sentir capaz, cariñoso, útil, fuerte o adecuado

Columna 1	Columna 2	
___	___	1. Comenzar un trabajo desafiante o hacerlo bien
___	___	2. Aprender algo nuevo (por ejemplo, reparaciones en casa, una afición, otro idioma)
___	___	3. Ayudar a alguien (asesoramiento, ayuda, escucharle)
___	___	4. Contribuir a grupos religiosos, de caridad u otros grupos
___	___	5. Conducir bien
___	___	6. Expresarme claramente (en voz alta o por escrito)
___	___	7. Arreglar algo (como por ejemplo coser, arreglar un coche o una bicicleta)
___	___	8. Resolver un problema o un rompecabezas
___	___	9. Hacer ejercicio
___	___	10. Pensar
___	___	11. Ir a una reunión (convención, negocios, vecindario)
___	___	12. Visitar a enfermos, sin techo o personas con problemas
___	___	13. Contar un cuento a un niño
___	___	14. Escribir una postal, nota o carta
___	___	15. Mejorar mi apariencia (buscar ayuda médica o dental, mejorar la dieta, ir a un peluquero o esteticista)

_____	_____	16. Planificación y presupuesto
_____	_____	17. Discutir sobre política
_____	_____	18. Hacer trabajos voluntarios, servicios comunitarios u otros actos no lucrativos
_____	_____	19. Planificar un presupuesto
_____	_____	20. Protestar por injusticias, proteger a alguien, impedir un fraude o abuso
_____	_____	21. Ser honrado, moral o tener integridad
_____	_____	22. Rectificar los errores
_____	_____	23. Organizar una fiesta
_____	_____	24. Otros: _____

Actividades intrínsecamente agradables

Columna 1   **Columna 2**

_____	_____	1. Reír
_____	_____	2. Relajarse, tener paz y tranquilidad
_____	_____	3. Tomar una buena comida
_____	_____	4. Una afición (cocina, pesca, carpintería, fotografía, teatro, jardinería, recogida de objetos)
_____	_____	5. Escuchar buena música
_____	_____	6. Ver hermosos paisajes
_____	_____	7. Acostarse temprano, dormir profundamente y despertar temprano
_____	_____	8. Usar ropa atractiva
_____	_____	9. Usar ropa cómoda
_____	_____	10. Ir a un concierto, ópera, ballet u obra de teatro
_____	_____	11. Practicar deportes (tenis, softball, raquetball, golf, lanzar herraduras, frisbi)
_____	_____	12. Viajar o vacaciones
_____	_____	13. Ir de compras o comprar algo que me guste
_____	_____	14. Estar al aire libre (playa, campo, montañas, caminar sobre hojas, caminar en la arena, bañarse en lagos)
_____	_____	15. Arte (pintura, escultura, dibujo)
_____	_____	16. Lectura de las Escrituras u otros libros sagrados
_____	_____	17. Adornar mi casa (redecorar, limpieza, trabajar en el huerto, etc.)
_____	_____	18. Ir a un evento deportivo
_____	_____	19. Lectura (novelas, no ficción, poemas, obras de teatro, periódicos)
_____	_____	20. Asistir a una conferencia

_____	_____	21. Conducir
_____	_____	22. Sentarse al sol
_____	_____	23. Visitar un museo
_____	_____	24. Tocar o cantar música
_____	_____	25. Pasear en barco
_____	_____	26. Complacer a mi familia, amigos o jefe
_____	_____	27. Pensar en algo bueno para el futuro
_____	_____	28. Ver la televisión
_____	_____	29. Ir de camping o a cazar
_____	_____	30. Arreglarme (baño, peinado, afeitado)
_____	_____	31. Escribir en mi diario o agenda
_____	_____	32. Dar un paseo en bicicleta, hacer senderismo o caminar
_____	_____	33. Estar con animales
_____	_____	34. Ver gente
_____	_____	35. Echarme una siesta
_____	_____	36. Escuchar los sonidos de la naturaleza
_____	_____	37. Recibir o dar un masaje para la espalda
_____	_____	38. Ver una tormenta, las nubes o el cielo
_____	_____	39. Tener tiempo libre
_____	_____	40. Soñar despierto
_____	_____	41. Sentir la presencia del Señor en mi vida, rezar o adorar
_____	_____	42. Oler una flor
_____	_____	43. Hablar sobre los viejos tiempos o intereses específicos
_____	_____	44. Ir a una subasta o venta de trasteros
_____	_____	45. Ir de viaje
_____	_____	46. Otro: _____

2. A continuación, haz una marca en la columna 2 si lo has hecho en los últimos treinta días.

3. Rodea con un círculo el número que hay junto a los eventos que probablemente te gustaría hacer (en un buen día).

4. Compara las columnas primera y segunda. Observa si hay muchos ítems con los que has disfrutado en el pasado, pero que actualmente no haces muy a menudo.

5. Usando la programación de eventos agradables, ya completa, para tener ideas, haz una lista de las veinticinco actividades con las que crees que disfrutarías más.

6. Elabora un plan para hacer actividades más agradables. Comienza con los más simples y con más probabilidad de disfrutar. Lleva a cabo todos los eventos agradables que puedas razonablemente. Intenta hacer al menos uno cada día, y tal vez más los fines de semana. Escribe tu plan en una agenda y síguelo durante al menos dos semanas. Cada vez que hagas una actividad, califícala en una escala de 1 a 5, en relación con el placer que te proporcione (un 5 si es muy agradable). Hacerlo pone a prueba la distorsión inducida por el estrés que indica que nada es agradable. Esta clasificación también puede ayudarte a reemplazar las actividades menos agradables con otras personas.

Por favor, ten en cuenta: si estás deprimido, es habitual descubrir que tus antiguas actividades favoritas son ahora las más difíciles de disfrutar, sobre todo si las probaste cuando estabas bajo de ánimo y no pudiste disfrutar de ellas. Tal vez digas: «Ni siquiera puedo disfrutar de mi actividad favorita», lo que te hace sentir aún más deprimido. Estos eventos se vuelven agradables de nuevo y permiten superar la depresión. Por ahora, comienza con otras actividades sencillas. Poco a poco, prueba tus antiguas actividades favoritas cuando te sientas mejor.

Algunos consejos sobre el placer

*   Sintoniza con el mundo físico. Presta menos atención a tus pensamientos. Siente el viento, o la espuma del jabón mientras lavas el coche. Mira y escucha.

*   Antes de llevar a cabo un evento, prepárate para disfrutarlo. Identifica tres cosas con las que disfrutes. Por ejemplo, puedes decir: «Voy a disfrutar del sol. Disfrutaré de la brisa. Disfrutaré hablando con mi hermano Will». Relájate e imagínate disfrutando de cada aspecto del evento mientras repites todas las afirmaciones.

*   Pregúntate: «¿Qué haré para que la actividad sea agradable?».

*   Si te preocupa no disfrutar de una actividad que te gustaría probar, divídela en pasos. Piensa en términos mínimos, de modo que puedas cumplir tu objetivo. Por ejemplo, si quieres limpiar tu casa entera, comienza limpiando solamente la casa durante diez minutos, y después detente. Recompénsalo con una palmadita en la espalda diciéndote «¡buen trabajo!».

*   Revisa tu programación para que sea equilibrada. ¿Se pueden ampliar las «necesidades» para dar cabida a algunos «deseos»?

*   El tiempo es limitado, así que úsalo sabiamente. No tienes por qué hacer actividades que no te gusten sólo porque resulten cómodas.

Pequeñas cosas que hacen que la vida valga la pena vivirla

Por Mark Patinkin, columnista del periódico Providence Journal-Bulletin

Recientemente escribí una columna sobre las pequeñas cosas que me vuelven loco, como por ejemplo la vanidad, los perros pequeños que no dejan de ladrar y el suelo pegajoso de los cines. Después, varias personas nada cínicas me instaron a invertir el mismo tiempo en otras actividades. Así que ahí tienes otra lista:

- El olor de las hojas que se queman en otoño.

- Una ducha caliente cuando estás congelado.

- Una pizza entregada a domicilio.

- Ser el primero en un supermercado lleno de gente en darme cuenta que un dependiente anuncia la apertura de otra caja.

- Máquinas de hielo automáticas.

- La única mañana, cada seis meses, en que tu hijo de tres años duerme hasta las 7:30 de la mañana.

- El departamento de atención al cliente dice: «No hay problema. Lo cubre la garantía».

- Al oír sonar el teléfono justo cuando te has sentado para cenar, te das cuenta de que tienes el contestador automático encendido.

- Albornoces de tela rizada.

- Ese olor de mezcla de… hierba recién cortada… y palomitas de maíz que notas cuando entras en un estadio de béisbol.

- Los perros que notan que estás triste y vienen para hacerte sentir mejor.

- El servicio de habitaciones.

- Esas dos semanas de primavera en que incluso los arbustos más secos están repletos de colores.

- No tener nada programado el domingo por la mañana, excepto leer el periódico.

- Darte cuenta en el aeropuerto de que tu avión está en la puerta 1, y no en la 322.

- Las piscinas climatizadas.

- Transitar por la carretera mientras el carril opuesto tiene un atasco de ocho kilómetros.

- El golpe de una dura pelota con un bate de madera.

- El zoo, un día soleado.

- La luna llena contemplada en la misma línea del horizonte, a las 19:30, cuando parece tener el tamaño de un plato de cocina.

- Un sitio libre para aparcar a cuatro pasos de la puerta del restaurante.

- Decidir hacer las paces con todo el mundo, después revisar tu agenda y darte cuenta de que no tienes nada que hacer durante las cinco noches siguientes.

- Pájaros volando por encima de tu cabeza formando una «V» perfecta.

- Tumbarte sobre la hierba en el campo, contemplando las estrellas más brillantes que has visto nunca.

- Preparar palomitas en el horno microondas.

- El empleado de la ventanilla del aeropuerto te explica que han vendido demasiados billetes y que te invitan a viajar en primera clase.

- Comer un perrito caliente viendo un partido de béisbol.

- Las hojas de color rojo como la sangre, en otoño.

- Una fresca brisa en un día caluroso.

- Tu maleta es la primera que sale por la cinta transportadora de la terminal del aeropuerto.

(Nota del autor: Si has disfrutado de este recordatorio y valoras el encanto de la vida, entonces probablemente también disfrutes del libro de Barbara Ann Kipfer, *14.000 Things to Be Happy About* [«14.000 cosas por las que estar contento»], 1990).

CAPÍTULO 33

Prepararnos para los contratiempos

Ya has adquirido una cantidad sustancial de habilidades para construir la autoestima. Independientemente de lo segura que sea tu autoestima, sigue existiendo la posibilidad de que pueda «derribarte» un importante «fracaso» o algún acontecimiento poco afortunado. Por ello, es imprescindible desarrollar habilidades para superar los «fracasos», a fin de mantener una autoestima fuerte y segura durante los momentos difíciles de la vida que tendrán lugar de forma inevitable. De algún modo, el ejercicio de vacuna ante los fracasos que explicamos a continuación es un repaso de las habilidades que ya has aprendido. Antes de comenzar, evaluemos lo que entiendes por «fracaso».

1. ¿Cuáles son las cosas en que fallan las personas (incluido tú mismo)?

_____

_____

2. ¿Qué significa «fracaso»?

_____

_____

3. ¿Qué te ha ayudado a tolerar el «fracaso», durante, antes y después?

_____

_____

¿En qué cosas «fracasa» la gente? Éstas son algunas posibles respuestas:

• Puestos de empleo

• Matrimonio

• Criar a los hijos

• Formación

• Lograr un peso ideal

• Dejar de fumar

• Mantener unas costumbres correctas

• Tener tiempo para divertirse

• Alcanzar los objetivos

¿Pensaste en otras personas?

¿Qué significa «fracaso»? Éstas son algunas de las posibles respuestas:

• Nadie me quiere

• Rechazo

• No soy bueno

• No mantengo mi autoestima

• Soy humano

¿Qué te ha ayudado tolerar el «fracaso» en el pasado? Algunas personas reconocen haber hablado de eso, dándose permiso para fracasar, perdonándose a sí mismas, dándose cuenta de que no será un problema durante muchos años y cambiando de rumbo.

¿Piensas que la gente difiere mucho en lo relativo a considerar el fracaso y en sus habilidades para hacerle frente?

Estar cerca de la perfección

Echemos un vistazo al «fracaso» de un modo que amplía algunos de los conceptos previamente explorados.

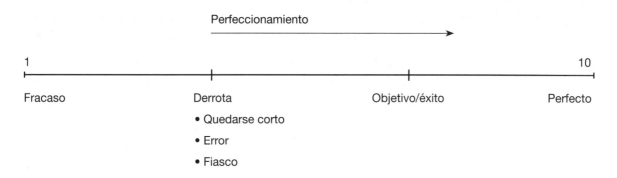

«Perfecto» significa completado, terminado y sin defectos ni fallos. Puesto que los seres humanos somos imperfectos, sólo podemos aproximarnos a la perfección. «Objetivo» o «éxito» hace referencia a lograr algo que queremos, ya sea para nuestra felicidad, comodidad o crecimiento. Dado que los seres humanos nos encontramos siempre en proceso de convertirnos en nuestro mejor yo, un «objetivo» o «éxito» está situado un poco a la izquierda de «perfecto». Tal vez argumentes que puedes establecer el objetivo de ahorrar el 5 por 100 de tus ingresos y cumplirlo a la perfección. Pero, aparte de esfuerzos cuantificables como ése, los objetivos normalmente no se cumplen a la perfección. Es decir, las mejoras pueden lograrse de forma ideal sin importar lo bien que lo consigamos. «Perfeccionar» significa hacerse más perfectos. Puede tener lugar mientras alguien intenta alcanzar una meta, o después de alcanzarla.

La gente dice con poca precisión: «Soy un fracasado» (lo cual significa «Yo siempre, y en todos los sentidos, fracaso»), cuando en realidad quieren decir: «No alcancé mi objetivo», «Me quedé corto» o «Cometí un error». Modificando ligeramente la famosa cita de Hubert H. Humphrey para mejorar nuestro entendimiento: «Hay una gran diferencia entre el fracaso y la derrota. El fracaso tiene lugar cuando somos derrotados y no aprendemos ni aportamos nada».

Manejar el fracaso

En lugar de usar la etiqueta de «fracaso» para referirnos a eventos o comportamientos poco afortunados, quedarnos en mitad del camino, errores, etc., prefiero usar la palabra «fiasco». «Fiasco» parece menos fuerte y menos duradero que un fracaso, y hace referencia a algo externo, no al yo interno.

Merece la pena reiterar un concepto más antes de pasar a la actividad de creación de habilidades. La investigación demuestra que tener un estilo de pensamiento pesimista cuando se tienen veinte años supone una mala salud física cuando se llega a los cuarenta y los cincuenta (Peterson, Seligman y Vaillant 1988). Cuando tenía lugar algún evento poco afortunado, las personas pesimistas tendían a culparse por completo, creían que nunca mejorarían y que serían desgraciados en todos los ámbitos de su vida. Por ejemplo, después de fracasar en una prueba de matemáticas, un pesimista podría pensar: «Es culpa mía, soy un fracasado. Siempre me hago un lío en los exámenes de matemáticas. Simplemente tengo poca suerte cuando las cosas importan de verdad». Los optimistas, por otra parte –cuya salud física es mejor muchos años después– podían pensar: «No me encontraba bien físicamente ese día. Es cuestión de una sola vez y no arruinará mi vida». Estilos de pensamiento similares tienden a distinguir a los drogadictos que recaen después de tener problemas de quienes se recuperan de contratiempos parecidos.

A partir de esta investigación podemos formarnos ciertas pautas para manejar los contratiempos:

1. Admitir los errores. No negar la responsabilidad; por el contrario, hay que centrarse en las acciones correctivas, es decir, en lo que se debe hacer.

2. Volver a plantearse el evento. En lugar de condenar al yo, lo cual erosiona la autoestima y acaba con la motivación, nos concentramos en lo externo. Por ejemplo, en lugar de pensar *¿qué me ocurre?* (La respuesta es fácil: ¡somos imperfectos!), hay que concentrarse en los factores externos (fatiga, poca preparación, poca experiencia, etc.).

En lugar de considerar algo como un fracaso total, recuerda que probablemente tendrás otras oportunidades. Después de experimentar un «fracaso», hazte las siguientes preguntas:

- ¿Salieron algunas cosas bien?

- ¿Cuáles son las ventajas de no conseguir lo que quería?

- ¿Qué habilidades de afrontamiento podría aprender de esto?

- ¿Hubo señales de una crisis inminente a las que no hice caso?

- Si vuelve a ocurrir un suceso similar, ¿qué puedo hacer para responder antes a esos indicios?

Vacuna contra el fiasco: Un ejercicio

Las pautas parecidas a las expuestas anteriormente pueden resultar útiles. Vamos a ponerlas en práctica ahora. El siguiente ejercicio está relacionado con la vacuna contra el fiasco, una estrategia desarrollada por el psicólogo Donald Meichenbaum (1985). Éste postula que la gente puede prepararse para el estrés poniendo en práctica lo que va a pensar y hacer antes, durante y después de un evento estresante. La exposición a dosis pequeñas y seguras de estrés imaginario nos puede «vacunar», del mismo modo que una pequeña inyección puede vacunarnos contra una enfermedad. En el siguiente ejercicio, el evento estresante es la perspectiva de «fracasar» (por ejemplo, quedarnos cortos, cometer un error, rendir mal u olvidar usar las habilidades de autoestima cuando nos critican).

Paso 1: Marca las afirmaciones que tengan significado para ti como parte de tu repertorio de afrontamiento de errores y contratiempos.

Antes

☐ Será divertido tener éxito, pero no será el fin del mundo si no lo consigo.

☐ Soy nuevo en esto, así que seré un poco más cuidadoso hasta que le coja el truco.

☐ Veo esto como un nuevo desafío, no un problema o una amenaza.

☐ Se trata de un regalo (oportunidad, aventura o desafío), no un problema.

☐ Me aproximaré a esto con curiosidad, sin temor ni dudas.

☐ Voy a intentar hacer un buen trabajo. No arruinaré la experiencia con mi deseo de ser perfecto.

☐ Tengo tanto derecho como cualquiera a probar suerte con esto.

☐ Voy a buscar el éxito a base de pequeños pasos y diversos caminos. Rechazaré toda exigencia consistente en todo o nada.

☐ Me estoy implicando sin una certeza absoluta sobre todos los hechos y resultados, y eso está bien.

☐ Tengo derecho a decidir qué es lo mejor para mí, y poner en práctica mis decisiones con confianza y sin disculpas.

☐ Examino con calma los probables resultados de mis acciones.

☐ Si no me pongo tenso por culpa de los errores, también seré más creativo.

☐ Me concentro en el desarrollo, no en los errores.

☐ No hay problema en intentarlo y «fracasar».

☐ Elegiré el camino que me parezca mejor.

☐ Me relajaré y consideraré diferentes enfoques y sus probables consecuencias. Después tomaré la mejor decisión que pueda.

☐ Soy optimista y estoy abierto a todas las posibilidades.

☐ ¿Qué me exigirá este desafío? ¿Qué puedo ofrecer de forma realista?

☐ No tengo que ser perfecto para hacerlo bien.

☐ Podría ser divertido intentarlo y adquirir experiencia en el proceso.

☐ No tengo miedo de arriesgarme y quedarme corto porque mi valía está en mi interior.

☐ ¿Qué es lo peor que puede pasar?

Durante

☐ Esto es difícil. Hay que relajarse y concentrarse en la tarea.

☐ Hay que hacerlo paso a paso y sentirse bien con los pequeños éxitos.

☐ Es una lástima que las cosas no sean perfectas, pero eso no supone una catástrofe.

☐ Todo el mundo comete errores y tiene aspectos toscos. ¿Por qué debo suponer que yo no?

☐ Mi búsqueda para trascender y dar forma a estas imperfecciones es importante.

☐ Hay que relajarse y disfrutar del proceso, con sus problemas y todo.

☐ No soy un dios. Soy humano. No hay problema en ser imperfecto. Lo haré lo mejor que pueda.

☐ Me concentraré en el proceso. El resultado cuidará de sí mismo.

☐ Voy a dar un paso cada vez.

☐ No hay que olvidar el buen humor. Me recuerda que no soy tan grande como me gustaría ser, ni tan malo como mucha gente podría pensar que soy.

☐ Esto me informa sobre mis limitaciones actuales.

Después

☐ Tuve una debilidad. Eso fue entonces. Estamos en el ahora.

☐ Soy un principiante en esto, y los principiantes tienen que cometer errores de vez en cuando.

☐ Esto no me va a marcar para el resto de mi vida.

☐ Tengo esperanza.

☐ Asumo la responsabilidad de entender la situación, pero no necesariamente me echaré la culpa ni me condenaré a mí mismo nunca.

☐ Mi juicio y mi comportamiento fueron malos, pero yo no soy malo.

☐ Bueno, ¿ahora qué? ¿Cuáles son mis opciones ahora?

☐ Esto reveló una debilidad. Esto forma parte de mí, pero no soy yo por completo.

☐ Los puntos débiles son aspectos toscos. Mi yo interno vale la pena.

☐ Me quiero por esto.

☐ Todavía estoy aquí para mí, para ser mi amigo durante este período.

☐ Tengo el valor de quererme cuando soy imperfecto (es mi base para el crecimiento).

☐ No importa lo que sucedió, todavía valgo la pena, soy valioso y único.

☐ Admito que a veces soy así. Es una decepción. Puedo hacer algo al respecto.

☐ Acepto la forma en que soy a veces, y también amo esas partes imperfectas de mi ser. Este amor me da la seguridad de crecer en esas áreas.

☐ No importa lo malo que pareciera; ciertas cosas salieron bien. He ganado sabiduría y experiencia.

☐ Voy a cambiar de camino para poder ser más feliz.

☐ Puedo aprender. Puedo cambiar y crecer.

☐ Puedo dar forma a mi futuro.

☐ Puedo usar las experiencias del pasado y convertirlas en puntos fuertes.

☐ Tengo derecho a mejorar y desarrollarme cada día.

☐ Tengo derecho a cometer errores. Soy lo suficientemente idóneo para admitirlos y repararlos tanto como sea humanamente posible.

☐ Esto pasará.

☐ Esto me ayudará a ser mejor, más sabio y más fuerte.

☐ Tengo derecho a corregir mi camino.

☐ Este error es una forma de ver lo que estoy haciendo y lo que quiero corregir.

☐ Esto no es realmente un fracaso, sino un esfuerzo hacia el éxito. (Inspirado por Babe Ruth).

☐ En lugar de «fracaso», pienso en una mala elección, mal juicio, pasos en falso, mal comienzo, pérdida momentánea de mi camino, un desvío o que me he quedado corto.

☐ Soy suficientemente capaz de aprender de esto y mejorar la próxima vez.

☐ Los errores me muestran lo que quiero mejorar y corregir, y lo que no funciona.

☐ Seré más sabio la próxima vez.

☐ Los errores me hacen humano y falible, como todas las demás personas.

☐ De acuerdo, eché a perder eso; si al principio no tienes éxito…

☐ De acuerdo, así que fracaso el 10 por 100 de las ocasiones. El resto lo hago bastante bien.

☐ Hay un lado brillante en esto, aunque aún no lo vea.

☐ ¿No es genial que pueda hacer algo tan ridículo y seguir teniendo esperanza?

☐ ¿No es interesante que a veces me condene en general por una debilidad o imperfección?

☐ Cometí un error. Yo no soy un error.

☐ Soy más que mi error. Hay más en mi vida aparte de esto.

☐ Me equivoqué. Ahora vuelvo de inmediato a mis buenas maneras.

☐ Lo hice antes. Lo haré de nuevo.

☐ Creo que las cosas mejorarán.

☐ De acuerdo, superé eso. También puedo superar otros retos.

☐ Esto no es el fin del mundo.

☐ Mi error no constituye el final del camino.

☐ Mañana saldrá el sol.

☐ No hay necesidad de llorar por la leche derramada. Es agua que hay que dejar correr.

☐ Nadie es un «fracasado» hasta que se rinde por completo.

☐ No seré derrotado dos veces: una vez por las circunstancias y una vez por mí mismo. (Inspirado por Lowell Bennion)

☐ Llegaré a mejorar. Habrá otra oportunidad.

☐ Esa tarea era difícil y compleja. Se hizo más difícil por mi inexperiencia (falta de guía o ayuda, ruidos, clima, temperatura, interrupciones, no sentir estar a la altura u otras circunstancias difíciles).

☐ ¿Qué aprenderé para la próxima vez?

☐ No puedo controlarlo todo.

☐ «El fracaso es un evento, nunca una persona». (Dr. William D. Brown)

☐ «¡Vaya! Ahora voy a aprender algo». (Harold *Doc* Edgerton)

☐ El fracaso no supone el final. Empezaré de nuevo.

☐ A partir de ahora, ¿alguien se preocupa de verdad por esto?

Paso 2: A continuación, escribe las quince declaraciones que más te gustaría recordarte a ti mismo antes, durante y después de los momentos en que tu comportamiento se queda corto ante tus metas. Las declaraciones no tienen por qué estar incluidas en las listas anteriores.

Declaraciones de «antes»

1. _____

2. _____

3. _____

4. _____

5. _____

Declaraciones de «durante»

1. _____

2. _____

3. _____

4. _____

5. _____

Declaraciones de «después»

1. _____

2. _____

3. _____

4. _____

5. _____

Durante cada uno de los próximos tres días, elige un evento con «posible fiasco». Pasa quince minutos ensayando mentalmente lo que piensas antes, durante y después del «fiasco».

Para un tratamiento más divertido y profundo del optimismo realista, y para tolerar el fracaso, lee *Oh, the Places You'll Go!* («Los lugares adonde irás»), del doctor Seuss (1990).

CAPÍTULO 34

Una visión general del crecimiento

En esta sección hemos examinado las ideas importantes y las habilidades relativas al tercer bloque de construcción de la autoestima: el crecimiento. Repasemos los puntos clave y las habilidades que has aprendido y practicado.

Ideas activas

1. El crecimiento es un proceso continuo que nunca termina por completo.

2. El proceso de crecimiento es una forma de amar. Es satisfactorio porque parte de la base interna segura de la valía y el amor.

3. A nivel emocional, el proceso me dice: «Me siento contento por dentro y no tengo miedo de crecer: estoy mejorando».

4. Mejorar es difícil. Hay que trabajar duro.

5. El crecimiento no consiste en competir ni comparar. Puedes elegir tu camino y tu ritmo. Igual que sucede con los planes para perder peso y para hacer ejercicio, es aconsejable elegir un ritmo que se pueda mantener durante toda la vida.

6. Crecer significa elevar a los demás junto conmigo.

7. El crecimiento es el resultado de aplicar principios y placeres que nos mejoran.

8. Puesto que crecer es como subir una escalera, y no sólo llegar a un lugar determinado, no es necesario llegar a experimentar autoestima. Sólo necesitas saber en tu corazón que te encuentras en el buen camino y que estás avanzando.

Habilidades adquiridas

1. *Aunque no soy perfecto... no obstante.*

2. Sólo por diversión (contemplando las posibilidades).

3. El inventario moral cariñoso, sin temor, participativo y sincero.

4. Perdonarte a ti mismo y a los demás.

5. Programar actividades agradables.

6. Vacuna contra el fracaso.

Para reforzar estas importantes ideas y habilidades, por favor, tómate unos momentos para responder a las siguientes preguntas. Es posible que quieras volver a examinar las páginas anteriores de esta sección para revisar lo que has hecho.

1. ¿Cuál de las ideas ha tenido más sentido para ti?

_____

_____

2. ¿Cuáles son las habilidades que más deseas volver a usar de nuevo?

_____

_____

3. ¿Qué necesitas ahora mismo? ¿Hay habilidades en esta sección con las que te gustaría pasar más tiempo? Si es así, tómate el tiempo necesario para hacerlo.

_____

_____

EPÍLOGO

Resumiendo

Toda persona ha sido creada milagrosamente en muchos aspectos. Es importante reconocerlo y apreciarlo con calma para crecer con satisfacción y alegría.

No dejes que los errores te definan. No dejes que las críticas, quedarte corto en la consecución de tus objetivos, los eventos traumáticos pasados, la falta de dinero o el estatus, o cualquier otro factor externo te defina. Toda persona es demasiado valiosa y compleja para definirse de modo tan estricto.

En nuestro viaje juntos hemos examinado diversas habilidades para desarrollar la autoestima. Como ocurre con cualquier otra habilidad, las relacionadas con la autoestima necesitan tiempo para adquirirlas y práctica para mantenerlas. Puede que incluyas algunas de estas habilidades en tu vida sin pensarlo conscientemente. Tal vez otras habilidades requieran que reserves tiempo para practicarlas.

No dudes en volver de vez en cuando a repetir cada una de estas valiosas habilidades. Si la vida te impone un obstáculo que hace que tu autoestima retroceda un poco, acuérdate de volver de nuevo a este libro y practicar las habilidades que han tenido sentido para ti. Si la autoestima puede desarrollarse una vez, después se puede reconstruir.

Tal como sucede con cualquier actividad importante relacionada con la salud, el desarrollo de la autoestima y su mantenimiento forman parte de un proceso en curso. Sin embargo, al igual que otros hábitos útiles, las habilidades relacionadas con la autoestima, una vez adquiridas, prácticamente se convierten en una segunda naturaleza y, por tanto, son más fáciles de llevar a cabo.

Para resumir, y para reforzar tus habilidades más importantes, por favor repasa el libro por completo y la lista siguiente con las ideas y habilidades que más deseas recordar. Estas listas también te servirán como recordatorios rápidos durante los momentos difíciles.

Ideas que deseas recordar

Habilidades que deseas recordar

Agradecimientos

Nadie puede ver claramente sin ponerse de pie sobre los hombros de quienes le han precedido.

En primer lugar, me gustaría dar las gracias al difunto Morris Rosenberg, profesor de Sociología de la Universidad de Maryland. Las teorías del doctor Rosenberg, su meticulosa investigación y su magisterio han estimulado mis propias ideas sobre la autoestima en gran medida. Del mismo modo, doy las gracias al difunto doctor Stanley Coopersmith, cuya investigación seminal, combinada con la del doctor Rosenberg, proporcionan los fundamentos teóricos de este libro.

Doy las gracias especialmente a Claudia Howard, cuyo paciente diálogo, ideas teóricas e ideas prácticas llevaron mi pensamiento mucho más allá de donde hubiera llegado de otra manera.

Gracias al doctor John Burt, exdecano del Colegio de Salud y Rendimiento Humano, que me enseñó a convertir el pensamiento en un pasatiempo. Trabajar con él en su curso de Formas de Conocimiento sobre el Estrés y la Tensión del Ser Humano me permitió poner en práctica mis teorías relacionadas con el estrés y la autoestima.

Y gracias a los estudiantes de la Universidad de Maryland, algunos mayores, otros más jóvenes, que me han ayudado a perfilar la teoría y la práctica de la enseñanza de la autoestima.

Expreso mi gratitud a los teóricos cognitivos y a quienes practicaron e influyeron en el capítulo 5. Albert Ellis inventó el modelo ABC, la teoría de las catástrofes y de los «deberías». Aaron Beck inventó la expresión «pensamientos automáticos»; el término «distorsiones»; la mayoría de las distorsiones actualmente utilizadas en la terapia cognitiva; la idea de las creencias básicas (internas), y la idea de registrar los pensamientos, las distorsiones y los estados de ánimo. David Burns escribió *Feeling Good* («Sentirse bien»), una aplicación muy útil de las teorías de Beck. Con gratitud, también reconozco el mérito de quienes inspiraron el capítulo 15, entre ellos Russell M. Nelson (*The Power Within Us* [«Nuestro poder interior»]), L. Schlossberg y G. D. Zuidema (*The Johns Hopkins Atlas of Human Functional Anatomy* [«El atlas de anatomía humana funcional de Johns Hopkins»]), la Sociedad Geográfica Nacional *(The Incredible Machine* [«La máquina increíble»]), y J. Ratcliff (la serie *I Am Joe...* [«Soy Joe »]).

Otros investigadores y practicantes pioneros han contribuido inmensamente a este libro. Doy las gracias a los doctores Kristin Neff, Sharon Salzberg, James W. Pennebaker y Robert D. Enright por sus grandes esfuerzos relacionados con la autocomprensión, la bondad amorosa, la escritura expresiva y el perdón, respectivamente.

Me siento especialmente agradecido a Bev Monis, que editó mi manuscrito con santa paciencia, y con Carol Jackson, que creó los bonitos gráficos para la edición original, y sobre los que se basaron los propios de este libro.

Por último, deseo dar mi más sincero agradecimiento a todas las personas maravillosas, meticulosas y estimulantes de New Harbinger Publications, especialmente Patrick Fanning, Jueli Gastwirth, Kasey Pfaff, Amy Shoup y Michele Waters.

APÉNDICES

APÉNDICE I

Pautas para ayudar
a una persona angustiada

El siguiente modelo describe cómo cualquier persona puede reducir los síntomas del estrés y su relación con la autoestima para recuperar la buena salud.

Estrés
(Síntomas)
↓
Habilidades de manejo del estrés
↓
Habilidades para la depresión/ansiedad/ira
↓
Habilidades relacionadas con el dolor/eventos traumáticos no resueltos
↓
Habilidades relacionadas con la autoestima
↓
Fundamentos espirituales

Manejar el estrés

«Estrés» es un término bastante general. La persona que experimenta estrés puede manifestar síntomas que van desde una simple tensión hasta dolores de cabeza, fatiga, agitación, dificultad para concentrarse, insomnio, alteración del estado de ánimo, preocupaciones o enfermedades que van desde la hipertensión hasta el síndrome premenstrual.

En primer lugar, deben descartarse o tratarse las causas médicas subyacentes. Entre las causas médicas comunes están la apnea del sueño, los trastornos de la tiroides, las enfermedades de las encías, el colesterol elevado y la diabetes. Es mejor evitar o minimizar las sustancias que aumentan los síntomas del estrés. Entre ellas se encuentran la nicotina (que aumenta en gran medida los síntomas de la depresión y la ansiedad), el exceso de cafeína o de alcohol, las drogas recreativas y ciertos medicamentos, como los fármacos anticolinérgicos y los estimulantes. Entre los fármacos anticolinérgicos están incluidos los antihistamínicos, los tranquilizantes, las pastillas para dormir y los antidepresivos tricíclicos. Habla con tu médico sobre cómo reducir estos medicamentos, sustituirlos por otros o por tratamientos no farmacológicos.

Los síntomas del estrés normalmente pueden reducirse con las habilidades tradicionales de manejo del estrés, entre ellas el entrenamiento de la relajación sistemática (como por ejemplo la relajación muscular progresiva, la meditación, el entrenamiento autógeno, la respiración abdominal o las imágenes mentales), el manejo del tiempo, las habilidades de comunicación, la higiene del sueño, el yoga y otras estrategias de afrontamiento. Este tipo de estrategias son muy útiles para casi todas las personas. Si no son suficientemente eficaces, entonces el terapeuta puede diagnosticar una depresión subyacente, ansiedad o un exceso de ira.

Depresión, ansiedad, ira

La depresión clínica, por ejemplo, suele responder bien a las habilidades aprendidas en la terapia cognitiva, o mediante una combinación de terapia cognitiva y medicamentos antidepresivos, una vez que se han descartado o tratado las causas médicas.

Cualquier combinación de depresión, ansiedad y enfado con problemas asociados puede ocasionar diversas enfermedades, por lo que es importante tratar estos males. Suelen tratarse con habilidades de afrontamiento de «aquí y ahora» (como por ejemplo la terapia cognitiva o escribir sobre las preocupaciones actuales). Las habilidades tradicionales para manejar el estrés normalmente son útiles.

Dolor o eventos traumáticos no resueltos

Si los enfoques anteriores no son completamente eficaces, o si se descubren problemas subyacentes, el terapeuta trataría problemas relacionados con el dolor o eventos traumáticos no resueltos. Se estima que al menos entre el 15 y el 20 por 100 de las personas que buscan asesoramiento profesional para la depresión clínica o la ansiedad tienen en la base de sus síntomas dolor o eventos traumáticos sin resolver. El dolor y los eventos traumáticos no resueltos pueden ser consecuencia de diversos acontecimientos, incluyendo la muerte de un hijo o padre, abusos físicos o sexuales, abandono por parte de los padres, amputaciones, accidentes, delincuencia, guerra, disturbios civiles, violación o pérdida de empleo (Worden 1982). Ahora sabemos que las experiencias adversas de la niñez que no se resuelven pueden dar lugar a una serie de problemas psicológicos, médicos y funcionales en la edad adulta. Entre los síntomas se encuentran la indiferencia emocional, la depresión, la ansiedad, la ira, la hiperactividad, el estrés físico, los pensamientos intrusivos o las pesadillas, el insomnio, la autolesión deliberada y la disociación. Todo evento traumático conlleva una pérdida, ya sea de la inocencia o de una extremidad. Worden ha identificado varias tareas activas que ayudan a las personas a completar el proceso de duelo, sanar y seguir adelante. Desde la guerra de Vietnam, hemos aprendido una amplia serie de procedimientos muy eficaces para ayudar a los supervivientes de acontecimientos traumáticos a resolver los recuerdos y sanar. *The Post-Traumatic Stress Disorder Sourcebook* («El libro de consulta del trastorno de estrés postraumático») ofrece una visión general de las opciones de tratamiento. Los tratamientos de los eventos traumáticos son muy efectivos, pero requieren una práctica especializada. El Instituto para el Estrés Traumático de Sidran puede ayudar a localizar a un especialista en eventos traumáticos que tenga su consulta cerca de donde vives. Las habilidades tradicionales de manejo del estrés son muy útiles, pero normalmente no son suficientes para el tratamiento de los problemas relacionados con el duelo y los eventos traumáticos.

Recuperar la autoestima

Normalmente, la autoestima dañada debe recuperarse antes de que una persona pueda volver a sentirse completa. Por ejemplo, los supervivientes de abusos sexuales necesitan tener la sensación de recuperar la autoestima antes de poder liberarse del rencor y el deseo de venganza. La persona que está crónicamente enfadada y a la defensiva descubrirá que es más fácil soportar las críticas cuando desarrolla su seguridad interna. La autoestima dañada puede ser un factor de riesgo y consecuencia de los síntomas. Por ejemplo, la autoaversión puede predisponernos a la depresión. Puesto que la depresión suele afectar al rendimiento, tiende a incrementar la autoaversión. En cualquier caso, el desarrollo de la autoestima suele ayudar a reducir los síntomas y a recuperarse. Si el evento traumático ha dañado la autoestima (por ejemplo, una víctima de violación se siente como un objeto sin valor), puede ser necesaria la curación del evento traumático antes de aprender y aplicar eficazmente las habilidades relacionadas con la autoestima.

La fuerza de los fundamentos espirituales

Los fundamentos y las habilidades espirituales pueden ayudar a reducir los síntomas, a todos los niveles, del modelo anteriormente explicado. Por ejemplo, quien conozca el amor infinito y divino descubrirá que es más fácil amar y perdonarse a sí mismo y a los demás. El respeto y la preocupación por todos los seres humanos pueden ayudar a entender la valía humana incondicional. La tranquilidad de la conciencia, el perdón y un enfoque religioso pueden ayudar a reducir el estrés, las preocupaciones, la ansiedad y la depresión. La espiritualidad y la práctica religiosa se han relacionado con la mejora del bienestar mental y físico en numerosos estudios.

Comentarios adicionales

- Aunque un profesional cualificado puede facilitar la reducción de los síntomas, el objetivo final es la confianza en uno mismo: que el individuo sufriente aprenda las habilidades que pueden ayudar a prevenir la recurrencia de los síntomas, reducir su gravedad si vuelven a ocurrir y finalmente devolver a la persona una salud óptima.

- El modelo de asistencia no es rígido, sino flexible. Por ejemplo, si es evidente que los síntomas de una persona se deben a una depresión clínica grave, el profesional de la salud mental probablemente no utilizará inicialmente las estrategias tradicionales de manejo del estrés. En su lugar, se probarán planteamientos más agresivos para reducir rápidamente los síntomas, como la medicación antidepresiva o la terapia de electroshock. Posteriormente se podrían introducir técnicas de psicoterapia cognitivo-conductual y el manejo del estrés. Si el historial ha identificado eventos traumáticos no resueltos y un diagnóstico de trastorno de estrés postraumático (TEPT), entonces tratar el TEPT sería la principal prioridad.

- Aunque se ha demostrado que las prácticas espirituales y religiosas pueden facilitar la recuperación de los eventos traumáticos, éstas pueden adormecer los sentimientos, incluidos los de carácter espiritual. El tratamiento y la curación de las heridas traumáticas a veces pueden ayudar a abrirse de nuevo a los sentimientos espirituales.

- La autoestima a veces se llama «denominador común» porque subyace a numerosos síntomas del estrés. Si la baja autoestima es causa o consecuencia de los síntomas, las habilidades relacionadas con la autoestima normalmente serán útiles para reducir esos síntomas. Sin embargo, estas habilidades no eliminan la necesidad de un plan de tratamiento equilibrado e integral que utilice todos los planteamientos necesarios.

APÉNDICE II

Perdonarse a uno mismo

Casi todas las culturas tienen valores en lo relativo a las conductas correctas e incorrectas. En la religión, el «pecado» hace referencia a los comportamientos que violan tales normas. «Culpa» es el sentimiento que alerta de los comportamientos inadecuados y hace que se eviten. Este apéndice se concentra en la «culpa saludable», que conlleva que las normas son razonables y que los individuos asumen la responsabilidad adecuada por su propio comportamiento, ni más ni menos. La negación del sentimiento de culpa saludable tiene consecuencias perjudiciales, al igual que la negación de cualquier sentimiento. La «vergüenza», como se suele denominar en la psicología contemporánea, hace referencia a la percepción perjudicial de que alguien es malo para su yo interno.

El «arrepentimiento» conlleva la vuelta a un estado anterior. Entre los teólogos, hay un acuerdo general en cuanto a los pasos del arrepentimiento, que devuelve a la persona a un estado puro, caracterizado, entre otras cosas, por el perdón de Dios:

1. Reconocer que tuvo lugar determinada conducta y que era incorrecta.

2. Reconocer que se hizo daño a sí mismo y a otras personas si fueron perjudicadas por la conducta. Es constructivo sentir dolor, tristeza, decepción y empatía, así como darse cuenta plenamente de la conexión entre estos sentimientos y el comportamiento que los generó.

3. Confesar a Dios (y a otras personas que podrían haberse visto afectadas por la conducta) la conciencia del mal, las consecuencias de la conducta y el arrepentimiento por el daño hecho.

4. Compensar cuando sea posible (por ejemplo, si se cogió algo, reemplazarlo; si se dañaron los sentimientos de otra persona o su autoestima, pedir disculpas).

5. Abandonar la conducta (es decir, decidir no repetirla y tomar las medidas necesarias para asegurarse de que no vuelva a ocurrir).

6. Comprometerse a seguir una vida santa. «Santo» procede de la misma raíz que «salud», e implica totalidad, integración y no división entre valores y conductas.

Después de completar el proceso de arrepentimiento, algunos pueden seguir teniendo dificultades para perdonarse a sí mismos. Así que las siguientes ideas podrían ayudar.

Las conductas inadecuadas son factores externos. Rodean el yo interno y, al igual que una película sucia sobre la superficie de cierta cantidad de agua, podrían impedir que la luz entre o salga. Por ello, alguien podría *sentir* que es un ser oscuro y sin valor interno. Sin embargo, se trata de un sentimiento que no refleja la realidad. Asegúrate de interpretar correctamente la sensación. Un sentimiento triste es un comentario sobre una conducta que necesita modificarse, ¡no tu valía interna! Resiste cualquier impulso por interpretar el sentimiento triste como un comentario relacionado con la falta de valía. Cuando ya ha tenido lugar el arrepentimiento, nos liberamos de la conducta y podemos volver a experimentar con mayor precisión la valía interna.

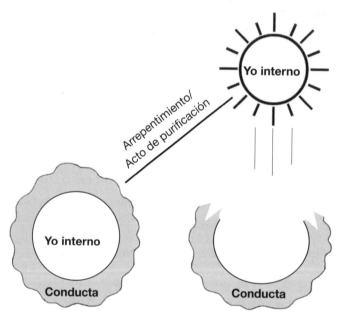

La conducta puede recordarse, pero el dolor disminuye.

Como escribió el superviviente de un campo de concentración de la Segunda Guerra Mundial, Victor Frankl (1978): «Es una prerrogativa humana ser culpable y es una responsabilidad humana superar el sentimiento de culpa». Nos preguntamos: ¿cuánto queda? ¿Qué puedo hacer activamente para asumir la responsabilidad? ¿Para mejorar? ¿Para hacer que el pasado, el presente y el futuro sean significativos?

Tratar el pasado con amor

Toda alma viviente ha experimentado acontecimientos dolorosos. Tal vez algunos de estos eventos todavía te duelan y te impidan experimentar plenamente la autoestima. La actividad que ofrecemos a continuación nos ayuda a sanar y fortalecernos emocionalmente, así como a liberar las emociones dolorosas para poder seguir adelante. El agente primario de la sanación es el amor.

Este ejercicio es opcional: algunas personas tienen un gran deseo de neutralizar el dolor de los acontecimientos pasados y se benefician enormemente al hacerlo, otras no desean revisar el pasado y otras preferirían rememorar el pasado con la ayuda de un profesional de la salud mental.

Instrucciones

1. Encuentra un lugar tranquilo donde puedas estar sin que te molesten durante unos treinta minutos.

2. Identifica un evento de tu vida que siga siendo doloroso. Entre esos momentos podrían estar las ocasiones en que

   - alguien te hizo daño o te hizo sentir vergüenza (por ejemplo, con palabras desagradables, críticas, abusos o burlas);

   - te sentiste solo, negado, rechazado o abandonado; o

   - te sentiste decepcionado con tu conducta o algún acto (por ejemplo, estabas abrumado y no supiste cómo aguantar, o tu conducta fue incorrecta desde un punto de vista ético).

3. Nombra la persona que hizo experimentar este momento difícil a tu yo más joven.

4. Nombra a tu yo presente –que posee más experiencia, sabiduría y amor–, tu yo más sabio.

5. Imagina que tú, el yo más sabio, viajas hacia atrás en el tiempo hasta ese evento complicado y te aproximas a tu yo más joven. Tu yo más joven mira y te ve. Vuestros ojos se encuentran y hay una afinidad y confianza; tu yo más joven está dispuesto a escucharte.

6. Te dispones a dialogar con tu yo más joven. Preguntas al yo más joven: «¿Qué te preocupa?». El yo más joven expresa los hechos y los sentimientos del evento. Escuchas con gran empatía y comprensión.

7. Preguntas: «¿Qué te podría ayudar?». Escucha atentamente con tus oídos y tu corazón lo que se expresa verbal y silenciosamente. Percibe y satisface las necesidades de tu yo más joven, como por ejemplo la necesidad de:

    • Empatía, que dice, en efecto: «Comprendo; no estás solo».

    • Instrucciones. Tal vez puedas enseñar habilidades que aprendiste recientemente, como la habilidad *no obstante.*

    • Apoyo y aliento. Por ejemplo: «Considerando tu experiencia y formación, ¡lo estás haciendo bien!»; «¡Eso va a mejorar!»; «Vas a superar esto. Sé que lo harás».

    • Ayuda o protección física. Por ejemplo, puedes imaginar cómo te interpones entre tu yo más joven y un matón o una persona que quiere agredir.

    • Consejo. Pensad juntos. Utiliza las experiencias y la sabiduría de los dos para idear soluciones:

        • Quizás puedas aconsejar que diga el niño que sufrió abusos: «Ésa no es forma de tratar a un niño». El yo más sabio permanece al lado del niño ofreciendo protección y apoyo.

        • El adulto podría decir a un supervisor crítico: «Entiendo lo que quieres decir. Me gustaría que me ayudaras. Creo que me desarrollaré más rápido si también señalas los aspectos positivos».

        • Si el yo más joven se comporta de una manera incorrecta o poco ética, podéis explorar juntos los principios y comportamientos que favorecen el crecimiento humano. Imagínate recordando a tu yo más joven estos principios y comportamientos más sabios. Imagina que diriges al yo más joven en la aplicación de estos comportamientos. A continuación, contempla al yo más joven haciendo de verdad eso y cualquier otra conducta útil, como la solicitud de perdón, expresando dolor por el daño que causó la conducta, rectificando o expresando bondad. Permite que el yo más joven experimente los sentimientos más calmados de los nuevos comportamientos y comparte cómo es con tu yo actual. Ofrece la seguridad de que se trata del camino más sabio.

- Amor. ¡Es lo más importante! El amor puede comunicarse mediante

  · una mirada cariñosa, amable, receptiva, en la que os miráis a los ojos;

  · palabras de amor (por ejemplo, «te quiero»);

  · un abrazo o un apretón cariñoso; y

  · un contacto físico relajante.

8. Dile a tu yo más joven que regresas «de vuelta al futuro», y que tu amor se quedará con él.

9. Deja que tu atención vuelva al presente. Utiliza una declaración del tipo *no obstante,* como por ejemplo «fue un momento difícil; *no obstante,* me quiero». Permite que el sentimiento curativo del amor te acoja y te rodee.

Repite este ejercicio durante un total de cuatro días, utilizando un evento difícil diferente para cada día. Para reforzar este ejercicio, recomiendo que registres cada experiencia por escrito. La escritura ayuda a poner el pasado en perspectiva y permite poner distancia. También parece mejorar y reforzar las soluciones.

Tal vez notes un bajón en el estado de ánimo durante los días en que practiques este ejercicio. A partir de entonces, el estado de ánimo normalmente se eleva por encima del punto donde se encontraba antes de empezar a hacer el ejercicio. Este proceso puede compararse con el acto de reventarse un forúnculo: debe experimentarse cierto dolor para facilitar la curación.

En cierta ocasión tuve una alumna que recordaba que, cuando era niña, su madre solía hablarle criticando a su padre. Un día, siendo aún niña, dijo algo malo sobre su padre mientras estaba en un supermercado y su madre la zarandeó violentamente gritando: «¡No hables así de tu padre!». Siendo una persona adulta, aún recordaba la conmoción y el dolor que sintió, y eligió este acontecimiento para trabajarlo en el ejercicio que hemos descrito antes.

Durante el ejercicio, el yo más sabio guio a la niña para preguntar a su madre: «¿Por qué me gritaste cuando dije lo que me habías enseñado a decir?». El yo más sabio protegía a la niña, pero después vio el dolor en los ojos de la madre. Así que la abrazó. Después el yo más sabio dijo a la niña que se perdería si volvía al presente con ella. Dio a la niña una piedra como símbolo del consuelo y el amor que sentía por ella.

Las ideas de las imágenes

Las imágenes, como por ejemplo imaginar que tu yo actual se comunica con un yo más joven, pueden generar ideas y soluciones sorprendentes para momentos difíciles del pasado. El caso anterior, de una mujer que se comunicaba con su madre mediante una versión más joven de sí misma, es un excelente ejemplo de reelaboración de un evento pasado y de recubrir después el dolor con amor.

Si has decidido participar en este ejercicio de cuatro días, por favor completa lo siguiente después de esos cuatro días:

1. Pasa un día repasando los principios y habilidades que has aprendido hasta ahora.

2. Pasa tres días aplicando las habilidades que consideres más significativas.

Estos pasos te ayudarán a elevar el estado de ánimo y a concentrarte en el presente.

Recursos recomendados

Autoestima y amor incondicional

PETRIE, A., y J. PETRIE. 1986. *Mother Teresa* («La Madre Teresa»). Petrie Productions, DVD. Un excelente documental con mensajes universales de amor incondicional, perdón y fe.

SCHIRALDI, G. R.: *Ten Simple Solutions for Building Self-Esteem.* New Harbinger, Oakland, California, 2007. Combina la atención plena, la aceptación y la terapia del compromiso, así como estrategias psicológicas clásicas para elevar la autoestima.

SEUSS, Dr. *Oh, the Places You'll Go!* Random House, Nueva York, 1990. Un tratado con inteligencia y humor sobre el crecimiento y la imperfección del ser humano. Mensajes poderosos para personas de todas las edades.

Coherencia del corazón

El Instituto HeartMath de Boulder Creek, California (800-711-6221, http://www.heartmath.org, http://www.store.heartmath.com) es un excelente recurso para conseguir libros, vídeos, música y tecnología asequible que permite llevar el control de los ritmos del corazón en tiempo real, mientras practicamos las habilidades HeartMath. Puede llegar a ser muy motivador ver aumentar la coherencia del corazón.

Los que citamos a continuación son libros muy útiles sobre la coherencia del corazón:

CHILDRE, D. y ROZMAN, D.: *Transforming Anger: The HeartMath Solution for Letting Go of Rage, Frustration, and Irritation.* New Harbinger, Oakland, California, 2003.

—: *Transforming Stress: The HeartMath Solution for Relieving Worry, Fatigue, and Tension.* New Harbinger, Oakland, California, 2005.

Autocomprensión

Neff, K.: *Self-Compassion: The Proven Power of Being Kind to Yourself.* William Morrow, Nueva York, 2011. (Trad. cast.: *Sé amable contigo mismo: el arte de la compasión hacia uno mismo.* Oniro, Barcelona, 2012). Aprende a sustituir las duras autocríticas y las valoraciones por amabilidad. Si quieres conseguir un libro sobre autocomprensión, éste es el ideal. *The Mindful Path to Self-Compassion* (2009), escrito por el doctor Christopher Germer, también es muy útil (trad. cast.: *El poder del mindfulness: libérate de los pensamientos y las emociones autodestructivas*, Paidós, Barcelona, 2011). La maravillosa página web del doctor Neff, http://www.self-compassion.org, también ofrece excelentes escalas de autocomprensión, ejercicios y meditaciones.

Salzberg, S.: *Loving-Kindness: The Revolutionary Art of Happiness.* Shambhala, Boston, 1995. Una excelente visión general de la amabilidad cariñosa, que complementa la autocomprensión y se ha descubierto que mejora la salud mental.

Llevar un diario

Pennebaker, J. W.: *Opening Up: The Healing Power of Expressing Emotion.* Guilford Press, Nueva York, 1997. (Trad. cast.: *El arte de confiar en los demás.* Alianza Editorial, Madrid, 1994). Es el primer libro del doctor Pennebaker, un clásico.

Pennebaker, J. W. y Evans, J. F.: *Expressive Writing: Words That Heal.* Idyll Arbor, Inc., Enumclaw, Washington, 2014. Explica por qué verbalizar el dolor emocional de experiencias de la niñez o de la edad adulta reduce el estrés. Incluye muchas ideas sobre cómo lograr que los diarios resulten eficaces.

Perdonar

Enright, R. D.: *Forgiveness Is a Choice: A Step-by-Step Process for Resolving Anger and Restoring Hope.* American Psychological Association, Washington D. C., 2001. Merece la pena leerlo.

—: *The Forgiving Life: A Pathway to Overcoming Resentment and Creating a Legacy of Love.* American Psychological Association, Washington D. C., 2012. El principal investigador sobre el perdón lo describe como un proceso normalmente difícil que libera el resentimiento, llena el vacío con comprensión tanto para el agresor como para el agredido, y bendice a quien perdona, a nuestras familias y compañeros y a veces al agresor. Muchos pasos relevantes y prácticos.

Eventos traumáticos

SCHIRALDI, G. R.: 2016. *The Post-Traumatic Stress Disorder Sourcebook*. McGraw-Hill, Nueva York, 2016. La exposición a eventos traumáticos, por ejemplo abusos sexuales, violación, terrorismo y guerra, pueden dañar la autoestima. Este libro explica claramente y normaliza los desconcertantes síntomas del TEPT, además de describir toda la gama de opciones de curación eficaces y de recursos.

El Instituto Sidran para el Estrés Traumático, de Baltimore, Maryland (410-825-8888; http://www.sidran.org) puede ayudarte a encontrar psicoterapeutas especializados en TEPT y ofrece lecturas y otros recursos.

Adaptación

El Entrenamiento Internacional de la Resiliencia (www.ResilienceFirst.com) proporciona entrenamiento de resiliencia basado en habilidades para evitar los problemas relacionados con el estrés, facilitar la recuperación y optimizar la salud y el rendimiento. La resiliencia y la autoestima tienen mucha relación. El doctor Glenn Schiraldi fundó la organización y la dirige.

Felicidad

La felicidad y la autoestima están muy relacionadas en todo el mundo. Éstos son mis dos libros favoritos sobre la felicidad:

BROOKS, A. C.: *Gross National Happiness: Why Happiness Matters for America—and How We Can Get More of It*. Basic, Nueva York, 2008. Un consumado investigador utiliza grandes bases de datos contrastadas, principalmente de estudios recientes, para extraer conclusiones sobre ciertos temas –como la política, la familia y los valores religiosos– cuando están relacionados con la felicidad.

LYUBOMIRSKY, S.: *The How of Happiness: A Scientific Approach to Getting the Life You Want*. Penguin, Nueva York, 2008. (Trad. cast.: *La ciencia de la felicidad*, Books4pocket, 2011). Una combinación maestra de investigaciones sólidas y métodos prácticos y demostrados para aumentar la felicidad.

Clásicos eruditos

Los interesados en las primeras obras clásicas sobre las causas y las consecuencias de los diversos niveles de autoestima pueden recurrir a estos títulos:

COOPERSMITH, S.: *The Antecedents of Self-Esteem.* Freeman, San Francisco, 1967.

ROSENBERG, M.: *Society and the Adolescent Self-Image.* Princeton University Press, Princeton, Nueva Jersey, 1965.

Bibliografía

ALEXANDER, F. G.: *The Medical Value of Psychoanalysis*. Norton, Nueva York, 1932.

BORKOVEC, T. D.; WILKINSON, L.; FOLENSBEE, R. y LERMAN, C.: «Stimulus Control Applications to the Treatment of Worry». *Behavior Research and Therapy* 21: 247-50, 1983.

BOURNE, R. A., Jr.: «Rational Responses to Four of Ellis' Irrational Beliefs». Folleto entregado en clase, no publicado, presentado por el Instituto Upledger, Palm Beach Gardens, Florida, 1992.

BRADSHAW, J.: *Healing the Shame That Binds You*. Health Communications, Inc, Deerfield Beach, Florida 1988. (Trad. cast.: *Sanar la vergüenza que nos domina: cómo superar el miedo a exteriorizar tu verdadero yo*. Ediciones Obelisco, Barcelona, 2004).

BRIGGS, D. C.: *Celebrate Yourself: Making Life Work for You*. Doubleday, Garden City, Nueva York, 1977.

BROTHERS, J.: «What Really Makes Men and Women Attractive». *Parade*, 5 de agosto de 1990.

BROWN, S. L. y SCHIRALDI, G. R.: «Reducing Symptoms of Anxiety and Depression: Combined Results of a Cognitive-Behavioral College Course». Artículo presentado en la Asociación de Trastornos de Ansiedad de la Conferencia Nacional Americana, Washington D. C., 24 de marzo de 2000.

BURNS, D.: «The Perfectionist's Script for Self-Defeat». *Psychology Today*, noviembre de 1980, 34-51.

BURNS, G.: *Dr. Burns' Prescription for Happiness*. G. P. Putnam's Sons, Nueva York, 1984.

CANFIELD, J.: «Body Appreciation». *Wisdom, Purpose, and Love*. Santa Barbara, California, Self-Esteem Seminars/Chicken Soup for the Soul Enterprises. Audiocasete, 1985.

—: «Developing High Self-Esteem in Yourself and Others». Presentación en la Asociación para la Psicología Humanística, 26ª Reunión Anual, Washington D. C., julio de 1988

CHILDERS, J. H., Jr. :«Looking at Yourself Through Loving Eyes». *Elementary School Guidance and Counseling* 23, 204-9, 1989.

CHILDRE, D. y ROZMAN, D.: *Transforming Anger: The HeartMath Solution for Letting Go of Rage, Frustration, and Irritation*. New Harbinger, Oakland, California, 2003.

—: *Transforming Stress: The HeartMath Solution for Relieving Worry, Fatigue, and Tension*. New Harbinger, Oakland, California, 2005.

COOPERSMITH, S.: *The Antecedents of Self-Esteem*. Freeman, San Francisco, 1967.

COUSINS, N.: *The Healing Heart*. Avon, Nueva York, 1983.

DAVIDSON, R.: «Changing the Brain by Transforming the Mind: The Impact of Compassion Training on the Neural Systems of Emotion». Artículo presentado en la Conferencia del Instituto para la Mente y la Vida, Investigando la Mente, Emory University, Atlanta, GA, octubre de 2007.

DE MELLO, A.: *Taking Flight: A Book of Story Meditations*. Image Books, Nueva York, 1990.

DIENER, E.: «Subjective Well-Being». *Psychological Bulletin* 95: 542-75, 1984.

DURRANT, G. D.: *Someone Special Starring Everyone*. Bookcraft Recordings, audiocasetes, Salt Lake City, Utah, 1980.

ENRIGHT, R. D.: *Forgiveness Is a Choice: A Step-by-Step Process for Resolving Anger and Restoring Hope*. American Psychological Association, Washington D. C., 2001.

—: *The Forgiving Life: A Pathway to Overcoming Resentment and Creating a Legacy of Love*. American Psychological Association, Washington D. C., 2012.

FRANKL, V.: *The Unheard Cry for Meaning*. Simon and Schuster, Nueva York, 1978.

FREDRICKSON, B. L.; COHN, M. A.; COFFEY, K. A.; PEK, J. y FINKEL, S. M.: «Open Hearts Build Lives: Positive Emotions, Induced Through Meditation, Build Consequential Personal Resources». *Journal of Personality and Social Psychology* 95: 1045-62, 2008.

GALLUP ORGANIZATION: *Newsweek*, 17 de febrero de 1992.

GALLWEY, W. T.: *The Inner Game of Tennis*. Random House, Nueva York, 1974. (Trad. cast.: *El juego interior del tenis*, Sirio, Málaga, 2006).

GAUTHIER, J.; PELLERIN, D. y RENAUD, P.: «The Enhancement of Self-Esteem: A Comparison of Two Cognitive Strategies». *Cognitive Therapy and Research* 7: 389-98, 1983.

GREENE, B.: «Love Finds a Way». *Chicago Tribune*, 11 de marzo de 1990.

HAFEN, B.: *The Broken Heart*. Deseret Book, Salt Lake City, Utah, 1989.

HOWARD, C. A.: Seminarios para el Potencia Individual. West, Texas, agosto de 1992.

HUNT, D. S. (ed.): *Love: A Fruit Always in Season*. Ignatius Press, Bedford, Nuevo Hampshire, 1987.

HUTCHERSON, C. A.; SEPPALA, E. M., y GROSS J. J.: «Loving-Kindness Meditation Increases Social Connectedness». *Emotion* 8: 720-4, 2008.

KIPFER, B. A.: *14,000 Things to Be Happy About*. Workman Publishing, Nueva York, 1990.

LAZARUS, A. A.: «Multimodal Therapy». In *Current Psychotherapies*, 3.ª ed., editado por R. J. Corsini, Peacock,Itasca, Illinois, 1984.

LEMAN, K., y CARLSON. R.: *Unlocking the Secrets of Your Childhood Memories*. Thomas Nelson, Nashville: 1989.

LEVIN, P.: *Cycles of Power*. Health Communications, Inc.,Deerfield Beach, Florida, 1988.

LEWINSOHN, P. M.; MUNOZ, R. F.; YOUNGREN, M. A. y ZEISS A. M.: *Control Your Depression*. Prentice Hall, Nueva York, 1986.

LINVILLE, P. W.: «Self-Complexity as a Cognitive Buffer Against Stress-Related Illness and Depression». *Journal of Personality and Social Psychology* 52: 663-76, 1987.

LOWRY, R. J., (ed.): *Dominance, Self-Esteem, Self-Actualization: Germinal Papers of A. H. Maslow*. Brooks/Cole, Monterey, California, 1973.

MASLOW, A.: *Toward a Psychology of Being* (2ª ed.). Van Nostrand Reinhold, Nueva York, 1968. (Trad. cast.: *El hombre autorrealizado: hacia una psicología del Ser*. Kairós, Barcelona, 1973).

MAXWELL, N. A.: «Notwithstanding My Weakness». *Ensign*, noviembre de 1976. http://www.deseretnews.com/article/705384602/Notwithstanding-My-Weakness----Nov-1976-Ensign.html?pg=all.

MECCA, A.; SMELSER, N. y VASCONCELLOS J.: *The Social Importance of Self-Esteem*. University of California Press, Berkeley, 1989.

MEICHENBAUM, D.: *Stress Inoculation Training*. Pergamon, Nueva York, 1985.

MICHELOTTI, J.: «My Most Unforgettable Character». *Reader's Digest*, 79-83, abril de 1991.

MONTEGU, A.: «Growing Young: The Functions of Laughter and Play». Artículo presentado en la Conferencia del Poder de la Risa y el Teatro, Toronto, Canadá, septiembre de 1988.

NATIONAL GEOGRAPHIC SOCIETY: *The Incredible Machine*. National Geographic Society, Washington D. C., 1986.

NEFF, K.: *Self-Compassion: The Proven Power of Being Kind to Yourself*. William Morrow, Nueva York, 1011. (Trad. cast.: *Sé amable contigo mismo: el arte de la compasión hacia uno mismo*. Oniro, Barcelona, 2012).

NEFF, K. N. D.: Self-Compassion. http://www.self-compassion.org.

NELSON, R. M.: *The Power Within Us*. Deseret Book, Salt Lake City, Utah, 1988.

NOUWEN, H. J. M.: *Lifesigns: Intimacy, Fecundity, and Ecstasy in Christian Perspective*. Image Books, Nueva York, 1989. (Trad. cast.: *Signos de vida: intimidad, fecundidad y éxtasis*. PPC, Madrid, 1996).

OFFICE OF DISEASE PREVENTION AND HEALTH PROMOTION. *2015-2020 Dietary Guidelines for Americans*. US Department of Health and Human Services. http://health.gov/dietaryguidelines/2015/guidelines/.

PATINKIN, M.: «Little Things That Make Life Worth Living». *Providence Journal-Bulletin*, 24 de abril de 1991.

PENNEBAKER, J. W.: *Opening Up: The Healing Power of Expressing Emotion*. Guilford Press, Nueva York, 1997. (Trad. cast.: *El arte de confiar en los demás*. Alianza Editorial, Madrid, 1994).

PENNEBAKER, J. W. y EVANS, J. F.: *Expressive Writing: Words That Heal*. Idyll Arbor, Inc., Enumclaw, Washington, 2014.

PEPPING, C. A.; DAVIS, P. J. y O'DONOVAN, A.: «Mindfulness for Cultivating Self-Esteem». En *Mindfulness and Buddhist-Derived Approaches in Mental Health and Addiction*, Advances in Mental Health and Addiction Series, editado por E. Y. Shonin, W. van Gordon, y M. D. Griffiths. Springer International, Basilea, Suiza, 2016.

PEPPING, C. A.; O'DONOVAN, A. y DAVIS, P. J.: «The Positive Effects of Mindfulness on Self-Esteem». *Journal of Positive Psychology* 8: 376-86, 2013. doi: 10.1080/17439760.2013.807353.

PETERSON, C.; SELIGMAN, M. y VAILLANT, G.: «Pessimistic Explanatory Style as a Risk Factor for Physical Illness: A Thirty-Five-Year Longitudinal Study». *Journal of Personality and Social Psychology* 55: 23-27, 1988.

PETRIE, A. y PETRIE, J.: *Mother Teresa*. Dorason Corporation. San Francisco, California, DVD, 1986.

PIBURN, S. (ed.): *The Dalai Lama a Policy of Kindness: An Anthology of Writings by and about the Dalai Lama/Winner of the Nobel Peace Prize*. Snow Lion Publications, Ithaca, Nueva York, 1993. (Trad. cast.: *La política de la bondad: una antología de escritos del y sobre el Dalái Lama*. Círculo de Lectores, Barcelona, 1994).

PIPPERT, R. M.: *Out of the Salt Shaker and into the World: Evangelism As a Way of Life*. Intervarsity Press, Downers Grove, Illinois, 1999. (Trad. cast.: *Fuera del salero: para servir al mundo: evangelización como estilo de vida*, Certeza Unida, 2011).

RATCLIFF, J. D.: «I Am Joe's » series. *Reader's Digest*, 1967-74.

RICHARDS, S. L.: *Where Is Wisdom? Addresses of President Stephen L. Richards*. Deseret Book, Salt Lake City, Utah, 1955.

ROGERS, F. M.: *It's You I Like*. Fred M. Rogers and Family Communications, Inc., Pittsburgh, Pensilvania, 1970.

RORTY, R.: «Heidegger, Kundera, and Dickens». In *Essays on Heidegger and Others*. Cambridge University Press, Nueva York, 1991.

SAAD, L.: «The "40-Hour" Workweek Is Actually Longer–by Seven Hours». Gallup, 28 de Agosto de 2014. Disponible en http://www.gallup.com/poll/175286/hour-workweek-actually-longer?-seven-hours.aspx?g_source=average%20hours%20worked&g_medium=search&g_campaign=tiles).

SALZBERG, S.: *Lovingkindness: The Revolutionary Art of Happiness*. Shambhala, Boston, 1995. (Trad. cast.: *Amor incondicional: la vía budista de las residencias celestiales que cambiará su vida*. Edaf, Madrid, 1997).

SCHAB, L. M.: *The Self-Esteem Workbook for Teens*. Instant Help Books, Oakland, California, 2013.

SCHIRALDI, G. R. y BROWN, S. L.: «Primary Prevention for Mental Health: Results of an Exploratory Cognitive-Behavioral College Course». *Journal for Primary Prevention* 22: 55-67, 2001.

SCHLOSSBERG, L. y ZUIDEMA, G. D.: *The Johns Hopkins Atlas of Human Functional Anatomy*. 4ª ed. Johns Hopkins University Press, Baltimore, 1997.

SCHOR, J.: «Workers of the World, Unwind». *Technology Review*, Noviembre/diciembre, 25-32, 1991.

Seuss, Dr.: *Oh, the Places You'll Go!* Random House, Nueva York, 1990.

Shahar, B.; Szsepsenwol, O.; Zilcha-Mano, S.; Haim, N.; Zamir, O.; Levi-Yeshuvi, S. y Levit-Binnun, N.: «A Wait-List Randomized Controlled Trial of Loving-Kindness Meditation Program for Self-Criticism». *Clinical Psychology and Psychotherapy* 22: 346-56. doi: 10.1002/cpp.1893, 2015.

Sharapan, H.: Associate Producer, Family Communications, Inc., Pittsburgh, Pensilvania, Comunicación personal, 20 de agosto de 1992.

Sonstroem, R. J.: «Exercise and Self-Esteem». En *Exercise and Sports Sciences Reviews*, vol. 12, editado por R. L. Terjung. The Collamore Press, Lexington, Massachusetts, 1984.

Tamarin, A. (ed.): *Benjamin Franklin: An Autobiographical Portrait*. MacMillan, Londres, 1969.

Thayer, R. E.: *The Biopsychology of Mood and Arousal*. Oxford University Press, Nueva York, 1989.

Worden, J. W.: *Grief Counseling and Grief Therapy: A Handbook for the Mental Health Practitioner*. Springer, Nueva York, 1982. (Trad. cast.: *El tratamiento del duelo: asesoramiento psicológico y terapia*, Paidós Ibérica, Barcelona, 1997).

Acerca del autor

Glenn R. Schiraldi, doctor en Filosofía, ha trabajado en los centros de manejo del estrés del Pentágono, la Fundación Internacional para el Estrés por Acontecimientos Críticos y en la Universidad de Maryland, donde recibió el Galardón a la Enseñanza Destacada, además de otros premios por sus enseñanzas y sus servicios. Sus libros sobre temas relacionados con el estrés se han traducido a quince idiomas. Los escritos de Schiraldi han sido reconocidos por diversas fuentes eruditas y populares, entre ellas *The Washington Post*, la *Revista Americana para la Promoción de la Salud*, la *Revista de la Salud Mente/Cuerpo* y el *Boletín Informativo de la Sociedad Internacional para el Control del Estrés y la Tensión*. Ha entrenado a legos y personal clínico de todo el mundo en diversos aspectos de la resiliencia y los eventos traumáticos, con el objetivo de optimizar la salud mental y el rendimiento, a la vez que evitar y promover la recuperación de los problemas relacionados con el estrés. Sus cursos sobre mente/cuerpo basados en habilidades, en la Universidad de Maryland, han demostrado mejorar la resiliencia, la autoestima, el optimismo, la felicidad y la curiosidad, además de reducir la depresión, la ansiedad y la ira.

Índice